# 学校に染まるな！

## バカとルールの無限増殖

おおたとしまさ Ota Toshimasa

★——ちくまプリマー新書
444

# 目次＊Contents

# はじめに

童話の「三匹の子豚」を、みなさん知ってますよね。

子豚の兄弟が、実家を出てそれぞれに家を建てます。長男はごく簡単な藁《わら》の家をさくっとつくります。次男は無難に木の家をつくります。三男は何日もかけてとても頑丈なレンガの家をつくります。

そこに狼《おおかみ》がやって来ます。藁の家も木の家も簡単に壊されてしまい、長男と次男は三男の家に逃げ込みます。狼はどうしてもレンガの家を壊すことができず、とうとうあきらめ、三匹は助かりました。……というお話でしたよね。

この童話の教訓は何でしょう？

きっと学校では、「だから楽をしないで三男みたいにコツコツと努力を重ねることが大事なんです」と習ったはずです。

でもちょっと待ってください。

襲ってきたのが狼だったから、レンガの家が有効だっただけですよね。もし洪水に襲われたら、次男の木の家を箱船か筏《いかだ》にすれば助かります。もし熱波に襲われたら、長男の藁の家で暑さをしのげばいい。三者三様の家があればこそ、さまざまな種類の危機に対応できるのです。

このお話の本当の教訓は、三匹の子豚がそれぞれの特性を活かして自分のやり方で家を建てるのを黙って見ていたお母さん豚が偉いということです。

学校では「みんな三男みたいになりなさい」と教えがちです。でも長男や次男は、それに染まっちゃいけないんです。むしろ、藁の家や木の家にもそれぞれ利点があると、反論できなきゃいけません。

……本書のタイトルには、そんな想いを込めています。サブタイトルの「バカ」は、自分の頭で考えないひと、くらいの意味です。

ところで、みなさん、学校は好きですか？

学校を舞台にいろんな楽しいことを経験できるのが事実である一方で、学校がなければもっと楽しい時間がすごせるのになと思うこともたくさんありますよね。

　宿題とかテストとかがなければいいんだけど……と思うひともいれば、苦手な友達に毎日会うのが嫌だなあと思うひともいるはずです。部活が楽しみで学校に行くひともいれば、部活がつらくて学校が嫌になっているひともいると思います。この先生の授業は好きだけど、あの先生の授業はさぼりたいと感じることもありますよね。

　そういう私は、たぶん結構、学校が好きなんです。

　学校に行くのが好きって意味じゃなくて、学校ってもの自体が好きなんです。その時代を生きる人間の内面の映し鏡だと思うんです。だから観察対象として面白い。楽しいことも、矛盾も、バカバカしいことも、いろんなものがつまってて、愛《いと》おしいなって思っちゃうんです。

　それでいろんな理由にかこつけて、いろんな学校を訪問させてもらって、そこで子どもたちがどんな表情をして何を学んでいるのかとか、先生たちがどんな思いで授業準備をしているのかとか、授業以外でも行事や部活が子どもたちの人生にどんな彩りを添えているのかとか、そんなことを描いて本にすることを生業《なりわい》にしています。

『ルポ名門校』（ちくま新書）とか、いろいろ書いてます。だから、まあまあ学校には詳しいんです。一方で『不登校でも学べる』（集英社新書）という本も書いていて、必ずしも学校に通わなくてもいいじゃんと思っています。

私だって、自分が子どものころは、「学校行くのめんどくせーなー」って毎日のように思ってましたよ。学校に行くことが特別好きな子だったわけではありません。あくまでも、大人になってから学校という場所をふりかえって、学校って、人間の人間たるゆえんが凝縮されたすごく面白いところだなあと思うようになったということです。


どんな小さな学校にも、人類の叡智《えいち》が詰まっています。たとえば、ごくありきたりな公立小学校の図書室に置いてある本をぜんぶ読むことができたら、それだけで世界のどこに行っても通用する、相当な教養が身につくはずです。

発達段階の近いたくさんの友達に会えます。馬が合う友達にも出会えるでしょうし、どうしても苦手な友達もいるでしょう。人間がたくさんいれば、心ときめくこともあるでしょうし、当然摩擦や衝突で傷つくこともあります。そんなことを通して、集団の中で自分の居場所を見つける経験ができます。

　教えたいという本能をもっている先生と、自覚的ではないにせよ学びたいという本能をもっている子どもたちが出会う場所でもあります。たいていの場合、双方の思いが行き違って、お互いに期待外れに見えてしまったりするわけですけれど、ときどきピタッと、教えたい本能と学びたい本能ががっちり手を結ぶことがあります。そんな瞬間が一回でもあれば、その学校に通っていた価値があったというものです。

　学校には、未来への期待も詰まっています。そこで育った子どもたちが、将来それぞれ立派になって、輝かしい未来の社会を築いていってほしいというビジョンがあります。お金の亡者に見える私立学校の理事長でも、自分の出世しか考えていないように見える教頭先生でも、子どもたちの将来のことは実は結構本気で考えています。それ以上に、つい自分がかわいいだけで（笑）。

　一方で学校は、子どもたちを現実社会に適応させる、ある種の洗脳装置の役割も果たしています。「世の中そんなに甘くない」とか「社会に出たら競争だ」とか、いまの大人たちが信じているいろんな思い込みを子どもたちにも刷り込もうとする力が働くんです。これがくせ者です。場合によっては子どもたちの足枷《あしかせ》になります。

要するに学校って、人類のありとあらゆる思惑が交錯する場所なんです。あるいは、その時代の人間が人間をどう見ているかってことが如実に表れちゃうところなんです。


もちろん教育には未来を切り拓《ひら》く力があります。でもそれは、大人たちが望ましいと思うことを子どもに吹き込み、望ましくないと思うことを禁止すればいいというような閉じた話ではありません。大人たちすら想像しなかった子どもたちの潜在能力が花開くような、未規定性に開かれた環境ほど、豊かな教育環境なんだと思います。

だって、未来なんて誰にも予測できないですよね。しかもいまは先行き不透明な時代、正解がない時代っていわれているんですよ。なのにどうしても大人は、自分たちの予測の範囲で教育を考えてしまう。そういう大人たちこそ、物事には正解があるに違いないという発想から抜けられないひとたちです。

言い換えると、子どもたちの可能性よりも自分たちの予測を重視してしまうんです。この場合の、大人たちの予測って、実は予測というより不安です。自分の不安に取り憑《つ》かれ、子どもの可能性を信じられなかったら、教育なんてできるはずがない！　……と、私は思います。

「きっとこんな花が咲くんだろうな」「こんな花が咲いたらいいな」と思って毎日適度な水をあげ肥料をあげ、大事に大事に育ててみたら、思いもよらない花が咲いた！みたいなサプライズが、教育の醍醐《だいご》味《み》であり、学校はそのための花壇みたいなものなんだと思います。

チューリップばっかりとかパンジーばっかりの花壇より、いろんな花が咲いている花壇が私は好きです。一般的には雑草と呼ばれるような草がたくましく生きていて、いろんなムシも遊びに来る花壇はもっと好きです。「ここに完璧に管理された理想的な花壇があります！」ってがっちりレンガか何かで囲われて隅々まで意図的に管理された花壇より、え、これ、花壇なの？ってくらいに、さりげなくなんとなく草花が囲われているくらいの花壇が好きです。個人的には。

あ、そうそう。いま思い出しました。私、もともと学校の先生になりたかったんです。でもいろいろあって、先生にはならないで、学校を外から観察する仕事をしています。

自分の学校をつくりたいなと妄想を膨らませていたこともありました。でも、いまはその妄想はやめました。紙幅があれば、どうして心変わりしたのかについても述べたいと思います。予告的に言っちゃうと、「理想の」とか「夢の」とか、学校に期待しすぎるのもよくないなって思ったからです。

この本で私は、学校関係者ではないけど学校に詳しいひとという立場から、学校に通う意味だとか、学校で味わうさまざまなストレスへの対処法だとか、学校の選び方だとか、学校についてあらゆる角度から思いつくままに語っていきます。

それなりに多くの取材経験にもとづきながらも、そもそもとるべき責任がないという意味での無責任な立場を利用して、教育の実践者や研究者にはおそらく書けないであろう少々過激なことも、本音で書きます。

普段は大人向けに勇み足を諫《いさ》めるように書いている内容を、今回は中高生向けに書きます。

大人たちからのおせっかいに対する自己防衛のお役に立てれば何よりです。

# 第一章

# なぜ勉強しなくちゃいけないの？

## たくさんの教科を学ぶ理由

さあ、手のひらに卵を一つ載せて、学校の中を歩き回ってみましょう。

理科実験室に入れば、「これは何の卵だろう？」「どうやったら孵化するのだろう？」「水には浮くのだろうか？」などの問いが浮かんできます。

それがニワトリの卵だったとして、家庭科室に入れば、「何分ゆでれば半熟になるかな？」「どんな栄養価があるのかな？」「卵の消費期限にはどんな意味があるのかな？」「どんな料理がつくれるかな？」みたいに話題が無限に膨らみます。

美術室では卵の殻を使って作品をつくるなんてことも可能でしょうし、音楽室では卵の殻を使った楽器の演奏が楽しめるかもしれません。

そのまま社会科の授業をしている教室にお邪魔すれば、「この卵がなぜ都心のスーパーで一個たった二〇円で買えるんだろう？」「割れやすい卵をどうやって運んでいるんだろう？」「どこの養鶏場で採られたものだろう？」のような疑問が浮かんでくるはずです。数学の授業なら、「この卵の体積は？」とか、「卵形の放物線を描くにはどんな数式を立てればいいかな？」みたいな問いを立てることが可能です。

国語では、「卵」という表記と「玉子」という表記の使われ方の違いについて調べても面白いですね。英語では一般的に、卵はｅｇｇといいますが、魚やカエルなどの水生生物の柔らかい卵はｓｐａｗｎといいます。イクラのような食用の魚卵はｒｏｅです。ｅｇｇ　ｐｌａｎｔといえば、ナスのことですよね。

このように、さまざまな教科の観点から卵を見ることで、卵がもついろいろな意味や文脈に気づくことができます。これが学校でたくさんの教科を学ぶ意味です。

人間にはつい自分の見たいところから見たい部分しか見ない癖《くせ》がありますが、たくさんの教科という観点を得ることで、意識的に観点をずらしてものごとを多角的に見て、立体的に考えることができるようになるのです。

古来人間は、森羅万象《しんらばんしょう》を細かく分けて、名前を付けて、一つ一つ理解しようとしてきました。たとえばヨーロッパでは古くから、文法、修辞学、弁証法の三学および算術、幾何、天文学、音楽の四科からなる「自由七科」という教養体系がありました。現在の日本の学校教育における教科はこの西洋的な体系の流れを汲《く》んでいます。古代中国においては、礼（道徳）、楽（音楽）、射（弓術）、御（馬術）、書（文学）、数（算術）からなる「六芸《りくげい》」という教養体系がありました。より実社会的な感じがしますね。

## 同じことを学んでも違いが出るのが当たり前

「世の中は数学、国語、理科、社会みたいに分かれていない。教科に分けて学ぶなんてナンセンスだ」という批判は大昔からありますが、そうは言ったって、この壮大な宇宙を丸呑《まるの》みできる人間なんていません。だから細かく分けて、少しずつ咀嚼《そしゃく》して、各部分の味を感じながら理解していくのです。そのための知識体系を、現代の子どもたちにも食べやすいように小分けにしたものが教科や科目という概念です。

摂取する際には小分けにしますが、おなかに入ればごちゃ混ぜになります。それを再構成して自分の血や骨や肉にしていくことで、丈夫な体ができあがります。

再構成の仕方には個性も表れます。ほら、たとえば寮生活で毎日三食同じ食事をとっていても、寮生の背恰好《せいかっこう》や顔つきはひとそれぞれ違うでしょ。学校で同じ授業を受けていても、ひとによって得意な科目が違うのは当然のことなんです。

だから不得意科目の克服なんて、ほどほどでいいんです。カメは徒競走でウサギに勝つ必要なんてないし、ペンギンに飛ぶ練習をさせるのははっきりいっていじめです。得意なところを伸ばすことに時間やエネルギーを使ったほうが圧倒的に効率がいいし、何より楽しいはずです。ただし不得意科目についても、それができるひとのすごさがわかる程度には学んでおきましょう。でないと大人になって困ったときに、誰に助けを求めたらいいのか見当すらつかないからです。

教科として学んだことがおなかの中でそのまま別々に固形化しないように、胃腸の運動を活性化し学んだことを柔らかく溶かして混ぜ合わせて全身を巡る血液に送り込む手伝いをするのが、要するに教科の枠組みを超えた学びです。最近では「探究」という言葉がよく使われますが、大昔は「自由研究」という教科がその役割を果たしていました。その名残が、いまでは夏休みの自由研究になっています。

教科別の学びと探究型の学びをミルフィーユのようにくり返すことで、教科書通りの知識がそのひとの個性の年輪になっていきます。教科書通りの知識の量はテストで簡単に測れますが、一人一人の血や骨や肉になった個性は数値化や序列化が不可能です。後者を含めた概念が、いわゆる「新しい学力観」です。

でも、それって実は新しくもなんともない学力観です。明治、大正のころからそういう学びが大切だってことはみんな知っていましたし、実践していました。

一万円札にもなっている、明治を代表する知識人の一人である福沢諭吉《ふくざわゆきち》は、「世界万物についての知識を完全に教えることなどできないが、未知なる状況に接しても狼狽《ろうばい》することなく、道理を見極めて対処する能力を発育することならできる。学校はそれこそをすべきところであり、ものを教える場所ではない」という趣旨のことを「文明教育論」で語っています。

ちょうど日本が高度成長期を迎えていたころ、米ソ冷戦構造のなかで、科学技術競争や経済競争が激化して、学校教育が知識詰め込みに偏った時期がたしかにありましたが、ごく一時期です。相当無茶なことをしたので、学校が荒れました。当時、校内暴力とかいわれていましたけど、要するに人権を無視された子どもたちによる暴動です。

私（現在五〇歳）よりも一〇歳とか二〇歳とか上の世代で高度成長期に子ども時代を過ごしていたひとたちは、自分たちがそういう学校教育を受けてきたので、教育に対してある種のルサンチマンがあるのでしょう。それで「新しい学力観」とか言ってるのだと思います。ルサンチマンというのは、怨念とか、もっと嚙《か》み砕いていえば、ねじれた負け惜しみ、みたいな感情のことです。

## 大人のルサンチマンにご用心

似たようなルサンチマンが、大学入試科目の設定に表れることもあります。たとえば、二〇二五年の大学入学共通テストから新教科として「情報」が加わります。国立大学のほぼ一〇〇パーセントが共通テストの「情報」の受験を必須にしています。これからの情報化社会には「情報」を学ぶことがマストだということです。

でもちょっと待ってください。

大切なことだから入試科目に含めようという発想って、入試科目以外は勉強しないという信念を前提にしていませんか？　そう考えるひとこそ、入試に関係ない科目は勉強しなかったひとでしょう。入試に出るから仕方がないと、イヤイヤ勉強したルサンチマンが根底にあるのではないでしょうか。

似たような議論は私立大学の入試についてもたびたび起こります。国公立大学に比べて入試科目が少ないので、広い範囲の教養が身につかないという批判です。あるいは文系と理系を分けることも、教養が偏ってしまうという批判の的になります。

でもそれもちょっと待ってください。

私立大学を受ける高校生も、文系だろうが理系だろうが、学習指導要領に定められた教科を一通り学ぶわけですよね。文学部に行くひとだって量子力学に興味をもちますし、工学部を目指すひとだって夏目《なつめ》漱石《そうせき》を読みます。それじゃダメなんですかね？　受験勉強として取り組むことがそんなに大事なんですか？

歴史ドキュメンタリーの名作を見て感動しているときに「映像に出てくる出来事の年号や人名を覚えているか、あとでテストするからね」なんて言われたら興ざめですよね。せっかく内的な動機で学んでいたのに、テストのためという外的動機をかぶせられてしまうからです。内的動機の侵害です。何でもかんでもテストするから、主体的な学びの動機が奪われていくのです。

教科学習はつまらないものだと思われがちですが、それは錯覚です。教える側が学びの動機づけをテストという脅迫装置に依存しがちだから、教科学習がつまらないものに感じられてしまうのです。

自分のつまらない授業を顧みもせず、そのせいで生徒が聞いていなかったり居眠りしていたりするときに、「ここ、テストに出るかもしれないぞ」なんて脅して注意を引く先生って残念だなと思います。食えたもんじゃないまずい料理を出しておいて、それを残してしまったひとのマナーを責めるような話です。

## 教科書はフリーズドライ、先生はお湯

長い年月をかけて人類が構築してきた知識体系を現代の子どもたちにも食べやすいように小分けにしたものが教科という概念でしたね。そして、それぞれの教科に含まれる要素の中から現代の子どもたちに学ばせるべきものを取捨選択して究極にまで濃縮したものが教科書です。

たとえば、遺伝の原理を学ぶときに欠かせないメンデルの法則なんて生物の教科書ではちょっとの紙幅で説明されていますが、もともと農家の出身だったメンデルが修道院

の畑でエンドウマメを育ててあの法則を発見するまでには八年の月日が必要でした。人類史上まれに見る天才がそれだけの年月をかけてようやく知ったことを、現代の私たちは、教科書をめくるだけでたった数分で知ることができてしまいます。

日本史を例に出せばもっとわかりやすいですよね。大河ドラマなんかで一年をかけて毎週描かれる人間模様が、教科書の中では場合によっては数行で描かれておしまいです。坂本龍馬《さかもとりょうま》だってひと言しか登場しません。教科書では、歴史を織りなした人々の血と汗と涙がきれいに脱水・漂白されています。

まるでフリーズドライされた食品です。教科書をそのまま読んでも面白く感じられないのは当然なんです。だって、フリーズドライの食品をそのままボリボリかじってもおいしくないでしょ。

そこにお湯をかけて、みずみずしさを取り戻すのが先生の役割です。

たとえばコペルニクスがどのようにして地動説に気づいたのか。地動説に気づいてしまったとき、どれだけの怖れを感じたか。その後その説が世の中に認められるまでにどれほどの年月が必要だったか。その間、この説を支持した科学者たちがどれだけの辛酸をなめたことか。そこから見える科学と宗教の関係性の歴史にまで思いを馳《は》せる。

こうすることで、教科書が本来の味わいを取り戻すのです。

こんな例えをしたら怒られるかもしれませんが、要するに先生とは、カップラーメンにかけるお湯です。いや、お湯をかけてくれるひと、というべきかな？

人類が経験したわくわくやどきどきを食べやすく小分けにして、しかもいちばんおいしくて大事なところだけを選別してぎゅーっとフリーズドライしておいたものに、先生が目の前でお湯をかけ、みずみずしい状態で子どもたちに提供する。子どもたちは、それが何百年も前につくられたものであることを意識せず、その味わいをありありと追体験する。それが本来の学校です。

万有引力を発見した物理学者アイザック・ニュートンは、自らの優れた洞察について「私は巨人の肩に乗っただけだ」と表現したといわれています。巨人とは、人類のそれまでの叡智《えいち》です。先人の血と汗と涙の積み重ねの上に、初めて前人未踏のフロンティアの向こう側を見渡すことができたという意味です。

学校でもらう教科書に綴《つづ》られている人類の叡智の総量を巨人に例えるなら、二一世紀の巨人は、おそらくニュートンが乗った一七世紀の巨人に比べて何倍も大きな巨人になっているはずです。

先生たちの力を借りながら学校で学ぶことは、そんな巨人の肩に乗ることなのです。

## 勉強すると目が良くなる⁉

でも灯台もと暗しという言葉もあります。まだ誰も見たことのない地平線の向こうに目を凝《こ》らしてみることはロマンチックではありますが、自分の身の回りに起きている日常に目を向けることも大切です。いやむしろ、まずはそれをしなくちゃ生きていけません。

そんなときに必要なのが、鳥の目、虫の目、魚の目です。

鳥の目とは、全体を見渡す広い視野のことです。これはさまざまな学問分野を一通り学ぶことで身につきます。

この章の冒頭の卵の例を思い出してください。理科、社会、数学、英語……さまざまな観点をもっていたからこそ、目の前に一個の卵が置かれただけで、生物多様性から流通や経済のしくみ、栄養学や食文化などさまざまな分野へと視野を広げていくことができました。

逆に虫の目とは、顕微鏡で覗《のぞ》くように、目の前の物事を細かく見る目です。

理科を学べば、文字通り顕微鏡の中を世界を知ることができますし、不思議に思える自然現象のメカニズムを解き明かすことができるようになります。小さな力で大きな物を動かしたり、目には見えない電気や磁力で物を動かしたりもできるようになります。

数学を一生懸命学べば、数学という観点から見るときの虫の目を鍛えることができます。たとえば、自然が織りなす模様の中に数学的なパターンがあることに気づいたり、政治や経済など、複雑な人間の営みを数式で表すことができるようになったりします。

外国語を学べば、自分たちがふだん無意識に使っている母語を相対化できます。相対化というのは、何かと比較して客観的にとらえなおすという意味です。

たとえば、日本語なら「学校に行く」というところが、英語だと「私は、行く、学校へ」となります。最初はものすごく違和感がありますよね。英語って変な言葉だなって一瞬思うんですけど、英語の話者から見ればきっと日本語が珍奇に見えると気づくわけです。そのとき初めて、日本語という言語を外から眺める視点が得られます。

ドイツの詩人で自然科学者のゲーテは言いました。「外国語を知らない者は、実は母語についても何も知らない」。

一方、古文や漢文を学ぶことには、現在私たちが無意識に使っている日本語を古い日本語と比較して相対化する意味があります。言葉のもともとの意味に自覚的になれたり、言語構造の成り立ちに遡《さかのぼ》って本来の文法を意識化したりできます。そして何より、言語が生き物であることに気づけます。

外国語や古語を学ぶことで、それまでなんとなく直感的に使ってしまっていた母語を、論理的かつ意識的に操れるようになるのです。すると、母語を使ってより細かく正確に思考できるようになります。

魚の目とは、時代の潮流を読む力です。

歴史を学ぶことは魚の目を鍛える最も直接的な方法といえるでしょうが、それだけではありません。たとえば生物の進化を学ぶと、自然環境や人間が今後どんなふうに変化していくかを予測できるようになるかもしれません。

音楽や美術を学ぶことは、言葉にはならない私たち人間の本性みたいなものに触れることだと思いますし、そのうえで私たちがどこから来てどこに向かうのかを感じとる力を養うことにもつながるはずです。

体育でたとえば団体競技を経験するのも、ゲームの流れのなかで、人間同士がつくる社会がどんなときに元気になってどんなときにパフォーマンスが落ちるのか、チャンスが来たときにどんな身体感覚になるのか、ピンチのときにどうすればしのげるのかを体感的に学ぶことにつながります。

鳥の目、虫の目、魚の目が鍛えられると、世の中のことがよりよくわかります。世の中を当てずっぽうに歩くのではなくて、鳥の目でも虫の目でも魚の目でもしっかりチェックしたうえで、自分の立ち位置や進むべき方向を選べるようになります。

## 学校は「学び」をつまらなくする装置

……というのが、勉強する意味だと、まあ一応いえるのですが、それで納得してみなさんが勉強し始めるなんて、私も思っていません。

なぜ勉強しなくちゃいけないの?というのは誰もがいちどは抱く定番の問いだとは思いますが、それはあくまでも素朴な疑問であって、納得できる理由が得られたら勉強しようと思って聞いているわけではないですからね。

つまり、この手の問いって、答えを求めた問いではないんです。問うこと自体に意味がある。考え続けることに意味がある。ときにそれが生きるテーマになる。そういう問いが世の中にはたくさんあります。ひとはなぜ生きるのだろう?とか、しあわせってなんだろう?とか。

そういう問いに出くわしたときには、簡単に答えらしきものをねつ造してはいけません。誰かに聞かれたのなら、面白い問いだねぇとでも言って、うーん、うーんとうなりながらいっしょに考えればいいんです。答えなんか出なくても。面倒くさいときはいっしょに考えるふりをしておけばいいです。

そういう大きな問いに迫るために学問があり、勉強があるともいえます。大きな問いに少しでも迫りたいと思ってやる勉強は楽しく感じられるはずです。というよりも、人間はつい大きな問いに気づいてしまう生き物であって、その問いに迫るためについ勉強してしまう本能をもっている生き物です。

　私たちは常に呼吸して空気を吸います。本能だから。喉が渇けば水を飲みます。本能だから。おなかが空《す》けば食べ物を探して食べます。本能だから。疲れれば休んで、寝ます。本能だから。仲間を求めて、誰かを愛して、いっしょに暮らします。本能だから。そして、この宇宙はどうなっているのだろうと思いを巡らし、調べ、考え、学びます。本能だから。理由なんて必要ありません。

　なのに、なぜ勉強しなくちゃいけないの？という問いが浮かんでくるということは、本来なら本能的にやってしまうことに違和感が生じているということです。

　考えてみれば、なぜ学ばなきゃいけないの？とはあんまり聞きませんよね。内なる好奇心に導かれて「学ぶ」ことと、「強いて勉《つと》める」って要するにやらされる構造の違いですね。「勉強」という言葉がもつ強制的なニュアンスに気づいて、「なぜ学びを強制されなきゃいけないの？」と問うているわけです。

　どんなに好きなゲームだって、眠いのにむりやりやらされたらつらいですよね。どんな大好物でも、おなかいっぱいのときにむりやり食べさせられたらおいしくないですよね。本来とても楽しい学びだって、強制されたら楽しいわけがありません。でも、その強制力を働かせる絶対的な装置として学校があります。

つまり宿命的に学校は、学びをつまらなくする装置としての役割を担っているのです。

## 可能性に蓋をする一〇〇点満点のテスト

しかも強制力を各教科のすみずみにまで行き渡らせるのがテストです。どれだけ学んだのかを確かめるのが本来のテストの意味ですが、テストでいい点をとることが目的であるかのような本末転倒が、日本中の学校で起こっています。世界中の学校で、かな。

テストの点をとるために勉強しましょうと言われてやる気になるひとなんていません。もしいるとしたら、テストをゲームか何かのようにとらえて、学び本来の喜びを得るというよりは目標を達成すること自体を楽しめるひとです。でもそういうひとが、日本の受験システムでは有利になります。

宇宙物理学に魅せられて時間を忘れて図書館の本を読みふけるようなひとは本来ものすごく学びの意欲の強いひとだと思いますけれど、物理だけ一〇〇点満点でもそのほかの教科がぼちぼちだと、さほど勉強のできない生徒だと見なされてしまいます。逆に、これといった学問的な興味はなくても、競争心が強く、受験科目についてまんべんなく努力ができて、苦手分野が少なく、効率的に得点する術《すべ》に長《た》けている生徒のほうが優秀な生徒だと認定されます。

一〇〇点満点の教科別のテストの総合点を争う入試では、物理で一二〇点取るくらいのすごい余力があっても、テストは一〇〇点満点止まりです。だから、好きなことばかりやらないで少しは苦手な英語を克服しなさいと大人たちから言われて、英語に時間を割かなければいけなくなります。

大好きで得意な物理をもっと勉強すれば一五〇点相当の力がつくはずだったとしても、四〇点の英語の点数を六〇点に引き上げるためにそれ以上の時間を使わなければいけなくなります。それって本人がつらいだけではなくて、社会にとっても損失じゃないですか？　一〇〇点満点という天井が、社会の可能性に蓋をしてしまっているわけです。

産業革命以降、一定水準で読み書き算盤《そろばん》ができる労働者を大量に効率よく生産する目的で、現在のような学校がつくられました。いわばクローン労働者の工場です。でも私たちはクローンでもロボットでもありません。一人一人に個性があって、それを伸ばす権利があります。

理科が得意なひとには徹底的に理科を頑張ってもらって、数学が得意なひとには思い切り数学を頑張ってもらって、社会全体として高いところに手が届くようにすればいいじゃないですか。英語が苦手なら、必要に応じて英語が得意なひとが助けてあげればいいんです。

ひとは一人一人得意も苦手も違うし、もともと助け合うことを生存戦略とする生き物なのですから、何でも一人でできるようになる必要なんてありません。なのにいまの学校教育は、子ども一人一人に万能化を求めます。しかもその度合いによって、人間を序列化します。

## 先生が自由になれば社会が元気になる

生徒にテストでいい点をとらせることが自分の役割だと勘違いしている先生が多いのも事実です。

テストは基本的に教科書に書いてあることからしか出ませんから、テストで点数をとらせたい先生はフリーズドライのまま生徒たちに教科を食べさせます。おいしくもなんともありません。だから授業がつまらないのです。

〝わかりやすい授業〟というのはあるのですが、それって単にフリーズドライ食品をそのままできるだけ効率よく食べさせる工夫がされているだけで、心は動きません。だからいくらわかりやすくても退屈なんです。テストに出ることだけを覚えたらそれ以上は学ばなくていいや、という気持ちにさせる効果は抜群です。

こうやって子どもたちの学びの意欲は無残に摘み取られていきます。それで「君たちはまだまだやる気が足りない！」って、どの口が言ってるの？という話です。

私と親しいある数学教師はいつもこう言います。「子どもは、自分のやりたいことを、自分のやり方でやっているときにいちばん頭を使う」。授業中でも、いたずら、おふざけ、ずる、脱線なんかをしているとき、子どもたちはいちばん頭を使うので、目がキラキラ輝いているというのです。そういう気持ちで勉強ができるように授業を組み立てます。

でも世間一般的には、効率的に学力を高めるための授業の聞き方、教科書の読み方、ノートの取り方みたいなことを細かく決めた「〇〇スタンダード」みたいなものがもてはやされています。同じ授業を受けてもテストでいい点数をとれている生徒がどんなふうに授業を聞いて、教科書を読んで、ノートをとっているのかを分析して、誰もができる方法としてまとめたのでしょうけれど、ひとのまねをさせられたって面白くもなんともありません。

生徒の点数を上げることが自分の使命であって、それを何としても成し遂げなければいけないという責任感が、目の前の子どもたちが一人一人違った個性をもった生き生きとした存在であることを見えなくさせてしまうのだと思います。

先生たちというのはもともとは英語が好きだとか数学の世界に惚《ほ》れ込んだとか、教科の魅力を誰よりも理解しているひとたちです。その教科愛をストレートに生徒たちにぶつけて、数学的観点から見える世界の美しさを、理科的観点から見える世界の不思議さを、歴史的観点から見える世界の面白さを、滔々《とうとう》と語ってくれたら、生徒たちだって時間がたつのを忘れて聞き入るはずです。そうしたら、一日六時間、先生たちの熱弁を聞いているだけで、それを中高六年間も続ければ、相当な教養が身につくはずです。自分の好きなことを学ぶってものすごい喜びなんだなと、心が動くはずです。

心が動けばいいんです。教科書の全ページをおしなべて教えるんじゃなくて、たとえばフランス革命が好きな先生ならフランス革命のところばっかりにお湯をかけて、独自の味付けをして、生徒に感動してもらえば、あとは「この調子でほかのページも行間を想像しながら読んでみてね」と言って生徒に任せてもいいんです。そういう先生に「この行間をもっと詳しく知りたいです」って質問すれば、喜んで教えてくれます。

でもいまは、そんな〈最高の授業〉をしていると、大学入試の範囲を授業でやり終えていない、なんてクレームが来るそうです。学びの実感を味わったことがあれば、自分なりの学びの姿勢を身につけた経験があれば、ひとがどんなときに学びの喜びを感じるのかを知っていれば、そんなクレーム言わないはずなんですがね。

テストなんか無視してそれぞれの先生が自分の教科愛やキャラを存分に生かして好きなように授業をできるようにすれば、社会の教養レベルは爆上がりするはずですし、学び続けるひとが増えるでしょうし、そのなかから各分野の天才も続々頭角を現すはずです。それなら社会全体が元気になると思いませんか？

# 第二章

# 時代は変わってもひとは変わらない

## ＩＴ系人材から失業する？

アメリカのＩＴ系企業でＡＩ活用を理由にした解雇が広がりつつあるという報道が、二〇二三年九月にありました。ＡＩに仕事を奪われる時代がとうとう来たということです。しかも皮肉なことに、「プログラムを書く仕事などがＡＩで代替できるとみられ」「小売店やカスタマーサービスといった顧客に接する部門は影響を受けず」とあります。時代の最先端にいたはずのＩＴ系人材が、真っ先に職を失っているのです。

でもこれはちょっと考えれば予測できたことです。プログラミングなんて、ＡＩに取って代わられる最たる仕事です。ＡＩに「こういうアプリをつくって」と口頭でお願いすれば、ものの数分でプログラムしてくれる時代がきっとすぐに来ます。

「これからの時代は正解がない」「変化の激しい時代」ってバカのひとつ覚えみたいに連呼して、「これからの時代はあれだ、これだ！」みたいに大騒ぎする大人を信じちゃだめですよ。彼らは、自分が時代についていけていないことをうすうす自覚しており、焦って不安になって、その不安を次世代に投影しているだけです。

そもそもいまの時代だけが特別なんてことはありません。明治維新の激動なんて、いまの変化の比じゃないと思いますよ。その後の幾度かにわたる戦争や大災害に比べれば、いまのグローバル社会の拡大やＡＩの台頭も穏やかな変化です。

時代は変わっても、人間の本質は変わりません。だから、一〇〇〇年以上前に書かれた紫式部の『源氏物語』をいま読んでも登場人物たちの心情が生々しく理解できますし、約二五〇〇年前に書かれた孔子の『論語』から現代社会に活かせる教訓が得られます。

科学技術の発達で、原子爆弾が発明されました。いまでは核弾頭を搭載したロケットみたいなミサイルが世界中に配備されていますし、無人のステルス戦闘機やドローン爆撃機みたいな兵器まであります。戦争の仕方も日進月歩で〝進化〟しています。最新兵器を使いこなして戦争に勝つには、それなりの知識や技能をもった集団が必要です。

でも、戦争を起こしてしまう人間の愚《おろ》かさは、きっと原始時代から変わっていません。そこが人間の性根《しょうね》です。

そして中高時代というのは、人間の性根の部分を育てる時期です。どんなに頭が良くなっても、どんなに優れた技術を身につけても、それを社会のため、人類のため、地球のために使うのか、自己利益の最大化のために使うのかではまるで話が違ってきます。

ひととしてどんな性根を育てなければいけないのかについては、仏教の経典やキリスト教の聖書が説くように、基本的に何千年も変わりません。

## 人類の進化を追体験する

「個体発生は系統発生をくり返す」という、生物学の有名な仮説があります。「ヘッケルの法則」です。胎児が生命の進化の足跡《そくせき》をたどっているという考え方です。

おぎゃーと生まれ出てからも、やはり個体発生は系統発生をくり返しているのではないかと、さまざまな教育現場を観察しているうちに私は気づきました。子どもは人類の進化の足跡をたどっているのです。

幼児期までは原始人です。最初は言葉をもちませんが、歌って踊り、少しずつ言葉で意思疎通をするようになります。森に入るとやたらと枝を拾うのは、道具を使い始める段階です。ドングリが好きなのは、それが自分にとって暮らしやすい環境であることのサインだからだと思います。泥遊びは土器をこねているようなものですね。火を扱えるようになったことは人間にとっては大きな進歩でしたから、火遊びも大好きです。

小学校に入るくらいの児童期になると、いろいろなことに疑問を感じます。なぜ海は、近くで見ると透明なのに遠くから見ると青いのか。なぜ月は、毎日形を変えるのか。子どもはどうやって生まれるのか。……などなど。でもまだ目に見えることしか理解できません。これ、まだ科学的思考ができるまえの、古代人の段階です。だから、赤ちゃんはコウノトリが運んでくる、みたいなファンタジーがたくさん生まれます。想像力がたくましくなるという意味で、これはこれでとても大切です。古代人のように、いろんな風景や出来事に出会って、いろんな疑問や興味や関心をため込む体験が大事です。

中高時代は中世から近代にかけてに相当します。当時の科学者や哲学者は、古代人時代にたくさんため込んだ「なぜ？」を、科学や論理の力で次々に解明しました。さらには、社会秩序を保つため、国家、人権、民主主義などの概念を発明しました。だからこの時期には、教科書で学ぶだけではなくて、実際に実験してみたりレポートを書いたりして、当時の科学者や哲学者の思考を追体験することが重要です。

そこまでしてようやく現代人のスタートラインに立てます。それが大学や専門学校の段階です。だから大学生になると、一応大人扱いなのです。学問を究め、人類の知のフロンティアを広げてもいいでしょうし、現代人として、糧を得て同胞を守り育てる術《すべ》を身につけてもいいでしょう。でもまだ経験不足で未熟なところも多い。大人に交じって失敗しながら成熟していく時期を青年期と呼びます。

どんな時代になろうとも、幼児期にすべきことは決まっています。泥遊びして、火遊びして、木に登ってください。小学生のうちから方程式や化学式なんて覚える必要はないんです。中高時代にはたくさんの理科実験や哲学的議論をするといいでしょう。ただし、スイッチを押せばパッと結果を計算してくれるような最新機器を使ってしまったら、中世の科学者の追体験になりません。

変化が激しい時代というのは、最後の最後、現代人になってから気にすればいいことです。それまでは焦らずに、原始人、古代人、中世・近代人の各時代を満喫してください。原始人時代の経験がなければ、一人前の古代人にはなれません。古代人の経験が貧弱であれば、ろくな中世・近代人にはなれません。中世・近代人としての体験が不足していると、中身のない現代人になってしまいます。

## 時代とともに変わったのは稼ぎ方

ただし稼ぎ方という意味では、たしかに大きな変化が起きています。これまでは国内市場のシェアを国内の企業と競い合っていれば良かったものが、市場が拡大し、グローバルなワンマーケットになり、世界中の企業が競争相手になりました。

さらに、技術革新によって新しいビジネスの形態が生まれやすくなっています。一世を風靡《ふうび》したネットサービスがあっという間に別のメディアに取って代わられて衰退するという変化を、二一世紀に入ってから私たちはたくさん目撃しています。

ビジネスモデルの新陳代謝が速くなっているということです。まあそれだって、何百年もまえに書かれた『平家物語』がすでに「盛者必衰の理《ことわり》」と表現しているんですけどね。それが今も昔も変わらない人間の愛《いと》おしさです。

つまり「これからの時代はこれが来る！」なんて予測しても、賞味期限は非常に短い。現在中高生のみなさんが働き盛りの三〇代や四〇代になったころ、どんな世の中になっていて、どんなビジネスが隆盛しているかなんてわかりません。どんな稼ぎ方になっているのかなんてわかりません。だから備えようもありません。

備えておくことよりも、時代の変化に合わせて変化できる柔軟性が重要です。むしろ下手に備えておくと、それにとらわれて身動きがとれなくなりますから、「どんな時代になってもなんとかなるさ」というメンタリティーをもっておくことが重要です。

海外旅行に行くときに、旅先でのトラブルをいろいろ心配して荷物が増えて、巨大なスーツケースがパンパンになるひとがいますよね。でも旅慣れたひとほど、最低限の荷物だけを小さなカバンに入れて、旅先で何かあったら手持ちの物で何とかしようと構えるものです。それと同じです。

先行き不透明な時代に大人が子どもに伝えるべきは、「あれも持っておいたほうがいいよ、これもあったほうが便利だよ」という「足し算」ではなくて、「最低限これだけあればなんとかなるから」という「引き算」です。

## 正解を求めずにはいられない大人たち

それなのに、世の中には正解があって、そこにたどり着くための最短距離を進むべきであると教え込まれた時代の大人たちは、正解がない時代の生き方にも正解を求めてしまうんです。もはや呪《のろ》いですね。

そういう大人たちは、予測できない未来に得をするための何かを子どもに授けようとして、本気でその何かを見出《みいだ》そうとしています。「おおたさん、これからの変化の激しい時代、正解のない時代に、どのように子どもを育てるのが正解なのでしょうか？」って大真面目に聞かれることがあるんですけど、まるでギャグみたいでしょう。

有名なのはＯＥＣＤ（経済協力開発機構）の「キー・コンピテンシー」という概念です。グローバルに活躍しているいわゆる〝成功者〟の能力や性格や言動を分析して、〝理想の成功者〟を構成する要素を洗い出したものです。それを教育でも意識しようと。

でもここで注目されているのはあくまでもグローバルビジネスでの成功であって、そのひとの人生が幸福や自由に満ちあふれたものかどうかはわかりません。逆にどこかの国の田舎の村で何百年も続く地味な生活を続けているひとたちのなかにも、幸福や自由に満ちあふれた人生をおくっているひとは必ずいるはずです。

それに、いまのこういうビジネス文化だからそういう素養をもっているひとたちが活躍しているだけであって、時代が変わったら必要とされる素養も変わるかもしれません。

日本の経済産業省も負けてないと、組織開発コンサルタントの知人に教えてもらいました。経産省は二〇二二年に「未来人材ビジョン」なるレポートを発表し二〇五〇年の時点でどのような「能力等」が求められそうかを予測しています。「現在は『注意深さ・ミスがないこと』、『責任感・まじめさ』が重視されるが、将来は『問題発見力』、『的確な予測』、『革新性』が一層求められる」とのことです。どう思います？

問題発見力って、教育の世界でもよくいわれるんですけど、ピンときません。だって問題ってわざわざ発見するんじゃなくて、違和感とか困ったなあとかいうことを、面倒くさいけど解決しようかと思えたときに立ち上がるものですよね。これ、意図すれば育てられるものなんですかね？　ますます予測不可能な世の中になるって言ってるのに、的確な予測って、占い師にでもなれってことですか？　それよりも大事なのは予測が外れたときの対応力でしょう。革新性って事後的にわかることじゃないですか？　そもそもこれって「能力等」？

「将来の不確実性」が高まっているからという問題意識から出発して、だから将来を予測して、「全く異なる社会システムを前提に、バックキャストして、今からできることに着手する」と言うんです。入試問題を予測して、そのために必要なことをいまから身につけておくという受験勉強と同じ発想から抜け出せていません。

これもある意味、いまの学校教育や受験制度の成果ですね。学校や受験に過剰適応してしまうと、先行き不透明な時代を生きるマインドセットにはなれないということです。「ある問題を起こしたのと同じマインドセットのままではその問題は解決できない」。物理学者アルバート・アインシュタインの言葉です。

## 「教育」と「人材育成」は似て非なるもの

経済産業省が「人材」という言葉を掲げていることにも注目してください。経済産業省が提唱しているのは人材育成であって、教育ではありません。いや、「未来人材ビジョン」というレポートの中では明確に「教育」という言葉が使われているんですが、私に言わせればこれは教育ビジョンではなくて、人材育成ビジョンです。少なくとも〝おおたの辞書〟では、教育と人材育成は似て非なるものです。

樹木を切り倒し、枝葉を切り落とし、皮を剝《は》ぎ、加工しやすく成形したものを「木材」と呼びます。動植物を殺し、皮を剝いで、食べやすく切り分けたものを「食材」と呼びます。「材」という字は、本来の生き生きした姿から何らかの目的に合致した姿に変えられてしまったものに使われます。目的ありきです。

人材育成という言葉も、目的ありきです。

社会に必要な人材といえば、社会を構成するという目的がまずあって、そのために必要な材料としての人間のことを指します。企業が求める人材といえば、企業を発展させるという目的がまずあって、そのために都合のいい材料としての人間のことを指します。材料としての機能が大事であって、機能さえ同じなら、別のひとに置き換えても構わないものです。その機能が人間の場合、「能力」という言葉で表現されます。

人間を能力の塊としか見ていないから、人材という言葉を使いますし、「二〇五〇年時点で必要となる能力」のようなことを一生懸命導き出そうとします。

人材開発とは、人間にどんどん能力をインストールしていくことです。スマホに便利な最新のアプリをどんどんインストールして高機能化するように、便利な最新の能力を次々インストールして人間を高機能化するのです。

一方、教育とは、人間ありきの営みです。

何になるのかわからない種があって、どんな環境や刺激を与えたら生き生きとするのかをよく観察しながら調整し、かといって手を出しすぎず、伸びるがままに伸ばしてやった結果、思いもよらなかった美しい花が咲いたり、おいしい実をつけたり、真《ま》っ直《す》ぐ高く育ったり、くねくねと芸術的な姿の幹に育ったりする。

美しい花は見るひとの心を躍らせますし、おいしい実は食べるひとのおなかを満たします。太く真っ直ぐな幹は丈夫な建材に利用されるかもしれませんし、芸術的な姿の大木は神木として崇《あが》められるかもしれません。

最終的には食材や木材になったとしても、最初に目的があったわけではありません。それぞれのもって生まれた個性を存分に伸ばして、潜在的な力や魅力を最大限に引き出すのが教育です。

人材育成の観点に立つと、目的に対して最短距離を行くことが正義になります。でも教育の観点に立つと、回り道をしたり、途中で立ち止まったり、あるいは来た道をいちど戻ったりすることにも意味がないとはいえません。すべてがそのひとの個性や味わいになるからです。

人材育成で育つのは、置き換え可能な人間です。教育で育つのは、置き換え不可能な、つまり、かけがえのない人間です。

人材育成を否定するつもりはありません。教育の末に、一人一人の人間が社会の中において何らかの機能を発揮し、貢献するためには、そういう局面も必要です。ここで強調しておきたいのは、教育と人材育成をごっちゃにして語るなということです。

## 「生きる力」と「生きるためのスキル」は違う

ついでにいうなら、「生きる力」と「生きるためのスキル」も似て非なるものです。

生きていくうえで、英語やプログラミング能力が必要になることがあるかもしれません。でも時代が変わると、スワヒリ語が重宝されるかもしれませんし、プログラミングよりも芸術的才能がものをいう時代が来るかもしれません。これらは、その時代時代における、生きるためのスキルです。

一方、自分のまわりを、鳥の目、虫の目、魚の目（二八ページ参照）で見渡して、自分に必要な生きるためのスキルを見出《みいだ》して、それがどうやったら手に入るのかを考えて、それを実行できることが、生きる力です。

スキルを獲得する際に、何も自分が英語やプログラミングを覚える必要はないかもしれません。英語やプログラミングが得意な仲間を見つければいいのです。そういう取捨選択ができるのも生きる力です。あるいは、生きるためのスキルは限られていても、手元にあるあり合わせのもので工夫してなんとかする能力も生きる力といえるでしょう。

そうなってくると、「生きる力」というよりは「生きる構え」などと呼んだほうがしっくりきますね。そもそも、「生きる力」なんて能力が存在するとは私は思っていません。生きる意志さえ強ければ、どんな状況においても生きる力らしきものが事後的に観察されるのだろうと思います。

流行のスキルなんてすぐに陳腐化しますから、どのみち常に自分をアップデートしなければいけないんです。逆にいえば、中高生のうちから備えておかなければいけないスキルなんてなんにもありません。

ちなみに最近、政府が「リスキリング（学び直し）」を盛んに訴えていますが、たぶんその言葉自体すぐに消えますから、あんまり気にしなくていいです。

## 新しいものがいいとは限らない

稼ぎ方だけでなく、学び方も多様になりました。

知識を得たり直接は経験できないことを仮想経験したりするために、昔から読書が推奨されていますが、それは、グーテンベルクが活版印刷を発明して以降、文字が最も速く広く情報を伝える手段だったからです。それこそ情報伝達技術の進歩のおかげで、いまなら漫画や映画や音声メディアやネットの動画でも、低コストで同様の経験ができます。本を読むのが苦手なひとは、堂々とそういう方法を利用すればいいと思います。

学び方の選択肢が増えたことで、学校に行かなくても学びやすくなっています。

三〇～四〇人という集団が一日六時間以上も狭い教室に押し込められて、同じことを学ばされるのに耐えられないというひとは、本人にやる気さえあれば、オンラインでも学ぶことが可能です。部活に参加しなくても、地元のスポーツクラブに所属するという方法もあり得ます。趣味でつながるSNSで、海外にも友達がつくれるかもしれません。

学ぶうえで、学校はとても便利な場所ですから、利用できるなら利用しない手はないと思いますが、学校でないと学べない時代ではありません。

ただし、時代は変わったんだから教育も変わらなきゃいけないというのは、あまりに雑な論理です。時代が変わって変わったのは稼ぎ方です。人間の本質は何千年何万年と変わっていません。中高生くらいの時期までは、学ばなければいけないことも変わりません。変わるのは大学や専門学校から先の話です。

先生が板書して一方的に話す授業をチョーク&トークなんていいますが、それだって完全に時代遅れとはいいきれません。

たとえば歴史。テストに出るところをわかりやすくまとめたパワーポイントのスライドを使ってさくさく進む授業より、先生があたかもその歴史的舞台にいたかのように臨場感たっぷりに語り、チョークが黒板を叩《たた》く音がまるで紙芝居の拍子木のように響く授業のほうが、直接生徒たちの心を動かします。

もちろん電子黒板には、従来の黒板ではできなかった表現がたくさんできますから、新しい文房具としてICT（情報通信技術）もどんどん活用すべきだと思います。でも、デジタルツールでは実現できない表現があることも事実です。

たとえば、私は地元の自治会にも参加しています。一軒一軒回す回覧板はやめて、SNSで情報発信すればいいじゃないかという意見が毎年必ず出ます。でも考えてみてください。大災害が起きてネットが使えなくなったとき、どうやって隣近所に情報を伝達すればいいのでしょうか。町内会の回覧板や掲示板には、最新のシステムが機能しなくなったときのバックアップシステムという意味があります。

新しいものがいいものだというのは現代にありがちな錯覚です。新しいものを使いこなせるようになることは大事ですが、古くからあるものの価値もわかるひとでいてほしいと思います。

考えてみれば、人間がつくった社会の変化が激しすぎるというのは、自分たちが運転する車のアクセルを踏み込みすぎているような状態です。だったらアクセルを緩めてブレーキをかければいいだけのはずなんですけど、みんなにレーシングドライバーの運転スキルを求めるのがいまの世の中です。根本的に何かが間違ってますよね。

# 第三章

# 出来レースだらけの競争社会

## 「親ガチャ」は親を非難する言葉じゃない

「親ガチャ」はあります。

どんなカプセルトイが当たるかわからないガチャガチャ（ガチャポンともいう）のように、どんな親に当たるかで子どもの人生が決まってしまうという意味の言葉です。私はこの一言に、ものすごく広い社会的文脈が織り込まれていると思っています。この言葉の意味や使われ方をよく考えると、私たちが無自覚のうちにどんな価値観を内面化して生きているのかが見えてきます。

先に私の意見を述べておくと、たしかに親ガチャはあるけれど、親ガチャによって子どもが何か不都合を被ったとしても、悪いのは親じゃないということです。もちろん子どものせいでもありません。じゃ、誰がどう責任を負うべきなのか、という話をこの章ではしたいと思います。

子どもが自分では選べない「生まれ」によって、学力や学歴など、教育成果に差ができる傾向を「教育格差」と呼びます。生まれとは主に、親の社会経済的地位、出身地域、そして性別を意味します。

社会経済的地位は、お金持ちかどうかだけではなくて、社会的評価も含めた概念だととらえてください。高学歴で〝いい仕事〟に就いていて収入も高い親の子は、学力や最終学歴が高い傾向にある。逆もまたしかり。簡単にいえば、そういう話です。

出身地域がなぜ子どもの学力や最終学歴に影響を与えるのか。これは親の社会経済的地位とも重なる部分があります。大卒者が多い地域の子どもにとっては、大学まで行くことが当たり前に感じられやすいので、子どもの大卒率も高くなります。そういう地域は教育熱が高いので、公立の小学校・中学校であっても平均学力が高く出やすい傾向があることもわかっています。

性別については、端的にいえば、女性のほうが男性よりも大卒率が低いということです。男性のほうが学力が高いからという理由ではもちろんありません。「女の子は無理していい学校に行かなくていい」という偏った価値観によって、進学意欲が削《そ》がれたり、十分な教育機会が与えられなかったりするのです。性別に対するこのような偏った価値観を「ジェンダー・バイアス」といいます。

## 教育が階層社会を温存するカラクリ

社会経済的地位が子どもの教育成果に与える影響については、塾や習い事に行ける機会や、私立の〝いい学校〟に行かせてもらえる機会の差によるところが大きいのではないかと思われるかもしれませんが、そんなに単純な話ではないんです。

小学校入学時点ですでに親の学歴と子どもの学力に相関があることが教育社会学で実証されています。背景には、家にある本の数や親の読書量などから示される家庭の文化資本の差があることも指摘されています。経済力だけでなく、いわゆる育ちの良さが学力に影響している可能性が高いと分析されています。逆にいえば、社会経済的地位の低い親の子は、世間並の教育機会を得たとしても、教育競争において初期設定の時点で不利な立場にあるということです。

学習指導要領という全国一律のカリキュラムに則《のっと》って、検定教科書というこれまた全国一律の教材を使って勉強するわけですから、みんなが同じ条件で競争しているように見えます。でも、実はスタートラインが違う。その結果生まれる学力差や進学意欲が最終学歴の差につながります。得られた最終学歴によって社会に出たときの地位や収入が違うことを「学歴格差」と呼びます。

教育格差と学歴格差の二段階で、親の社会階層が子どもの社会階層へとまるで相続されるように受け継がれていきます。さきほど親ガチャの話をしましたが、いわゆるアタリの親が偉かったのかというと、そうとも限らず、むしろその親も親ガチャでアタリを引いただけという可能性が高い。まるで巧妙に隠された階層社会です。

## 家庭や学校の影響は意外と小さい

教育格差を少しでも是正しようと、家庭の事情で塾などに通えない子どもたちに無料で勉強を教える学習支援活動を「無料塾」などと呼びます。厳密にいえば、教育機会格差の是正ですね。ただし、教育投資だけでは教育格差は埋められそうにないという研究結果もあります。となるとやはり家庭環境への介入が必要?という話になってきます。

しかし近年急速に進歩を遂げている行動遺伝学の知見によれば、親の社会経済的地位に由来するように見える影響のうち半分くらいが、実は遺伝的要因の反映だとわかってきました。実際、学業において有利な遺伝的特性をもつひとは、社会経済的地位が高い家庭に育つ傾向があり、学業において不利な遺伝的特性をもつひとは、社会経済的地位が低い家庭に育つ傾向があるとのこと。

つまり、教育格差ができる構造として、遺伝的要因が無視できない。

行動遺伝学者の安藤寿康《じゅこう》さんによれば、学業成績の個人差の要因はざっくり、遺伝が五〇パーセント、家庭環境（親の社会経済的地位など）が三〇パーセント、その他（先生との出会いのような偶然や本人が変えられる要因）が二〇パーセント。

社会経済的地位以上に遺伝的要因が親ガチャを左右しているらしいのです。社会経済的地位が低い家庭で育ったひとでも、学業において有利な遺伝的特性があるひとは言語能力の獲得が早く、上昇志向も強く、経済的に豊かになる傾向があるそうです。

学業成績だけではありません。個人の得意・不得意のかなりの部分が遺伝で説明できてしまうようなのです。

では、家庭環境だけでなく遺伝的要因にまで配慮して介入したほうがいいのでしょうか。学業において不利になる遺伝的特性をもって生まれた子どもにはより良い教育的環境を用意して、手厚く勉強を教えるなどの特別対応をすればいいのでしょうか。

でもそれって、かけっこの遅い子に、あの手この手で足が速くなるように介入するようなことですよね。かけっこが好きじゃないのに、そればっかりやらされることになるかもしれません。それって余計なお世話ですよね。なのに勉強に関しては、そこまですることが正義であるかのような気がしてしまうから不思議です。

なぜだか考えてみてください。

かけっこが遅くても絵が下手でも社会に出てから困ることはあんまりありませんが、勉強ができないと社会に出てから苦労するとみんなが思っているからですよね。

学校は、得られる人生が学力によって変わってしまうという思想を子どもたちに刷り込む巨大な装置として機能します。義務教育だけでも九年間、高校までを入れると一二年間、子どもたちは常にそういうメッセージを受け取ります。一八歳時点での大学入試の結果によってほぼ決まる最終学歴で社会に出たときの地位や収入が違うのは当然だと思い込まされています。

これが、「親ガチャ」という言葉に理不尽なあきらめのニュアンスをもたせているものの正体だと私は思います。

そこでみなさんには、この社会が暗黙のうちに受け入れてしまっている前提こそを疑ってほしいのです。

そもそもなんで私たちは競わなきゃいけないのでしょうか。しかもなぜ、学力で競わされなきゃいけないのでしょうか。読書が好きだったり勉強が得意だったりすることも、足が速かったり絵がうまかったりというのと同様に、才能の一種でしかないのに……。理不尽なのはそこじゃないですか？

## 学校を舞台にした出来レース

江戸時代の士農工商という身分制度が明治維新でなくなり、誰でも努力すれば立身出世できる〝能力主義〟のシステムが導入されました。

全国津々浦々から優秀な才能を吸い上げるネットワークとして、学校制度が整備されました。急ピッチで全国に小学校を設置し、そこで努力して頭角をあらわした子どもたちが上位学校に進学し、さらに頭角をあらわしたトップ・オブ・トップが現在の東大である帝国大学に集められるピラミッド型の学校制度です。自分たちの村から帝国大学への進学者が出ることは、村の誇りでした。だからいまだに日本人は、東大合格者数ランキングが大好きなのです。

つまり「学歴」は、上位の社会階層に行くための通行手形として登場しました。なるべく上等な通行手形を手にしたい。それが教育競争の始まりでした。競争であるならば、フェアでなければいけない。だから全国どこの学校でも同じことを同じように教える画一的な学校制度設計に重きが置かれました。

少なくともスタートの時点では、全国民に同質の教育が与えられるようになりました。そこから先で学業成績に差ができるとしたら本人の努力の差である、という無邪気な論理を社会として受け入れました。

一方で、教育は立身出世の手段と見なされたので、受益者負担の原則が採用されました。教育費は原則自己負担とされたのです。その名残で、いまでも日本は国際的に見て、教育に対する公的支出割合が低い国として有名です。

これは、教育にお金がかかるという状況を招いた以上に、大きな弊害をもたらしたと私は考えています。

学校という平等な条件下で努力して成果を出したのなら、しかも多額の教育費を投資したのであれば、努力のぶんや投資のぶんを社会に出てから報われて当然だという非常に功利的な論理を成立させてしまいました。それは同時に、学校で成果を出せなかった者が社会の下層に沈んでいくのは自業自得だという論理も正当化します。

でも実は教育達成には本人の努力よりも親の社会経済的地位や遺伝を含めた大きな意味での「生まれ」が大きく影響していることが、いま次々とわかってきているのです。身分制度の代わりにつくられた学校を舞台にした競争システムは、初めから出来レースだったことに、ようやく私たちは気づいたのです。

## 教育格差を緩めるか、学歴格差を緩めるか?

では、どうするか?

二つの方向性が考えられると私は思います。

一つめは、「生まれ」の影響を完全に打ち消すような介入を行って、競争の公平性を保つ方向性です。もう一つは、学力差や学歴差があったとしても、その差が社会に出てからの人生に過度な影響を与えないような社会システムに変えていく方向性です。

端的にまとめれば、前者は教育格差をなくす方向性です。後者は学歴格差をなくす方向性です。どちらかでも緩まれば、親から子へと社会階層が相続されていく「親ガチャ社会」の構造がほぐされるはずです。この構造を変えるのは社会全体の責任です。

学歴格差をなくそうと思ったら、企業の採用や雇用のあり方を全面的に見直さなければいけません。それよりは学校制度という限られたシステムの中で教育格差をなくすほうが簡単であるかのように多くのひとは錯覚します。

でも、教育格差の本質は、遺伝的要因までも含んだ親ガチャです。人間の意図では変えられません。それに対して、企業の採用や雇用のしくみは、人間がつくったものです。人間がつくったものなら、人間が変えられるはずです。

だから、教育格差よりも学歴格差を緩めることに重点を置いたほうが、社会階層の固定化を防ぐうえで即効性が高いのではないかというのが私の意見です。もちろんどちらもやらなければいけないのですが、どちらが本丸かという話です。

つまりは、明治時代以来続く、教育と立身出世競争の癒着を引き剝《は》がすのです。するとおそらく、教育や学校に対する印象もがらりと変わるのではないでしょうか。学校は誰かと比較されるために行く場所ではなくなります。勉強は誰かと競い合うためにすることではなくなります。代わりに学校は、さまざまな得意をもった子どもたちが集まって、それぞれに役割を見つけ、チームとしていろんなことができる集団になります。教育は、競争ではなくて、もって生まれた才能の違いをそれぞれに伸ばして協力できるひとたちを育てるために行われるようになります。

実際、日本の教育は過度に競争的であるとして、国連は過去数回にわたって是正勧告を発しています。いくら公平になったとしても、過度な競争が続くのは嫌ですよね。

## 私たちは何を競わされているのか?

ずいぶんと遺伝の話をしてきましたが、遺伝が人生を決めてしまうという話ではありません。どんな遺伝的特性をもっていたって、無限の可能性はあります。ただし、誰でもｉＰＳ細胞のように変幻自在に何にでもなれるということでもありません（もしそうだとしたら、自分は常に置き換え可能な存在だということになってしまいますし）。いろいろな条件が重なって遺伝的不利を乗り越えられることは当然あるでしょうが、そうでなかったとしても、この社会との間に、そのひととして、心地よくてしあわせな関係を取り結べる可能性が誰にでも無限にあるということです。そういう可能性がますます大きくなる社会にしていくべきだと言いたいのです。

サーキット場をイメージしてください。スタート地点にたくさんの車が並んでいます。でもよく見てみると、そこに並んでいるのは、世界最速クラスのF1から、耐久レース用のレーシングカー、フェラーリやポルシェのようなスポーツカー、一般的な自家用車、四輪駆動車、トラック、ダンプカー、ブルドーザー、ショベルカー、農作業用のトラクターまで、多種多様です。

これで周回のスピードを競って順位をつけたって、F1とトラクターのどちらが偉いかなんて比べられませんよね。でもそれと同じことを、学校ではやっています。学力というたったひとつのモノサシで子どもたちを序列化し、社会に出て行くときの労働力としての値札をつける機能が現在の学校にはあります。たまたま学業に有利な遺伝的特性をもったひとが圧倒的に得するしくみです。もうそれやめませんか？

Ｆ１ばっかりの社会では物が運べません。トラクターばっかりの社会では、どこに行くにも時間がかかりすぎます。ショベルカーは速く走る機能よりも掘る機能を高めてくれればいい。いろんな特性をもつ車がそれぞれに誇りをもって力を合わせる社会のほうがすてきですよね。

人間だって、勉強にはやる気が出なくてもたとえば絵に関することならいくらでも努力できる遺伝的特性をもったひとがいます。せっかく生まれが違って、伸ばせる才能もそれぞれなのだから、その違いをどんどん活かせばいいじゃないですか。

違いこそが価値になるなら、親ガチャ上等ですよね。

こういうことを言うとたいてい返ってくるのが「だけど絵がうまくても食っていけない」みたいな反論です。たしかに画家や漫画家として食っていけるのはごく一握りです。でもそれって、絵がうまいという特技を単体で使って一人で生きていこうとする発想です。特技を活かして生きるって、そういうことじゃないんです。

絵が得意なひとがゲーム制作会社に入ってキャラクターデザインに関わることは、容易に想像ができます。会議などでの議論の内容をその場でイラストとして板書してまとめるグラフィックレコーディングという技術も注目されています。文字情報に代わる情報伝達手段として、今後イラストのニーズが高まるかもしれません。ＡＩの専門家と手を組むことで、何か新しいサービスが誕生するかもしれません。ＩＴの専門家や金融の専門家やバイオテクノロジーの専門家とチームを組んだら、これまで誰も想像しなかった新ビジネスがつくれるかもしれませんよね。

## 自分にはない能力をもつひととチームになる力

二〇〇七年にスマホが誕生しました。まさにイノベーションでした。良くも悪くも、私たちの生活は激変しました。でも、初めからスマホの専門家がいたわけではありません。携帯電話の専門家がその技術を高め、ポータブル音楽プレーヤーの専門家がその技術を高め、パソコンの専門家がその技術を高め、しかも美術的なセンスのあるデザイナーが美しくまとめあげることで、スマホというイノベーションが起こりました。

たくさんのスペシャリストが集まることでイノベーションが起こります。そういうスペシャリストの仲間に入れるかどうかが、これからの社会で生きていくうえでは重要です。だから私は保護者向けの講演会などで、これからの時代を生きる子どもたちにとって大切なものとして、あえていえばという条件つきで、「自分にはない能力をもつひととチームになる力」を挙げています。「能力」は「機能」といってもいいですね。

自分にはない能力をもつひととチームになる力は、「スペシャリティー」と「コラボレーション力」の二つの要素に分けられます。

スペシャリティーはまさにこれまで論じてきた特技のことです。まずは自分になんらかの特技や専門分野がなければチームには呼んでもらえません。

特技なんてないと思っているひとも多いかもしれません。でも、自分では当たり前にやっているだけなのにひとから褒められることって誰にだってあると思います。たとえば何気なく教科書に描いた落書きが面白いだとか、先生にばれないようなナチュラルメイクがうまいだとか、スマホで編集した動画の評判がいいとか、戦略シミュレーションゲームだったら何時間でもやっていられるとか、自分としては当たり前にやっているのにひとからすごいと言われることや、何時間でも没頭できるものがそのひとにとってのスペシャリティーの芽です。

誰から褒められるわけでもないのに、時間があるとついやってしまうことなんかも、スペシャリティーを知らせるサインです。だから、スペシャリティーに気づくには、ぼーっとする時間も必要です。勉強に部活に忙しい毎日をおくっているひとも多いと思いますけれど、ぼーっとする時間も大切にしてください。決して無駄な時間ではありません。むしろ人生においては最重要な時間です。

スペシャリティーを発揮しているとき、そのひとの目はキラキラ輝いています。ギラギラじゃなくて、キラキラです。悪いことに心が支配されているときはギラギラした目になりますが、本当に心が喜ぶことをしているときの目は穏やかにキラキラと輝きます。

子どもが何かに夢中になっていたらそっと見守ってあげてくださいという話をすると、よくこういう質問をされます。「ゲームばっかりやっていても見守っているだけでいいんですか?」と。そこでキラキラとギラギラを見分ける力が試されます。中毒性の高いゲームに心を支配されてしまった結果ゲームをやり続けているときは、ギラギラした危険な目をしているはずです。小説の世界にのめり込むのと同様に壮大なゲームの世界観に浸って感動を味わっているのなら、目はキラキラしているはずです。後者なら、もしかしたら将来ゲームクリエイターになるかもしれません。そんなふうに説明します。

自分で自分の目の輝きを確かめることは難しいかもしれませんが、好きなことや得意なことをやっているときの、穏やかで楽しい心持ちはよく覚えておいてください。そういう心持ちになったときが、自分が進むべき方向に向いている証拠です。

## 前提が異なる相手とのコミュニケーションの作法

スペシャリティーがあるだけでは、自分にはない能力をもつひととチームになる力にはなりません。もう一つ必要なのが、コラボレーション力です。

コラボレーション力はさらに二つに分けられます。「共感的コミュニケーション力」と「論理的コミュニケーション力」です。

他者とコミュニケーションをとるうえで、共感力が重要であることに誰も異論はないでしょう。相手の気持ちを想像したり、相手の立場に立ってみたり、まるごと相手になりきったりできると、コミュニケーションの質が格段に変わります。

でも、そりが合わないとかいうケースはどうしてもあります。異なる能力をもっているひと同士は異なる価値観や志向をもっている可能性も高いわけで、共感力だけを頼りにしているとどうしても「わかりあえない」の壁にぶつかってしまいます。

その壁を乗り越えるのに必要なのが、論理的コミュニケーション力です。

たとえばAさんの意見とBさんの意見が異なって見えたとしましょう。たいていの場合、どちらも論理的には正しいんです。だからお互いに譲れない。そういうときに衝突は起きます。

そこで違いに反応するのではなくて、AさんとBさんのそれぞれがどうしてそういう意見をもつに至ったのかを論理的に遡《さかのぼ》っていきます。「なぜそう考えたのですか？」と理由を聞き、さらに「そう考えたのはなぜですか？」と掘り下げていきます。すると、それぞれが立脚する、思考の前提が見えてきます。土を掘って、それ以上は掘れない固い岩盤に当たるような感覚です。意見の違いは前提の違いによるものだとわかります。

前提の違いが共有できれば、前提を揃《そろ》え直してからいっしょに論理を積み上げていくことが可能になります。そうすることで、二人に共通の論理的に正しい意見にたどりつくことができます。お互いに妥協して二つの異なる意見の中庸《ちゅうよう》をとるような話とは違います。

これが論理的コミュニケーション力です。前提が異なる相手とのコミュニケーションの作法といってもいいでしょう。これができると、異なる価値観、文化的背景、宗教観、信念をもっているひとたちとも手を結びやすくなるのですが、大人でもできないひとが結構います。

共感的コミュニケーション力は、家族や友人など身近な人間関係のなかで、失敗をくり返しながら自然に磨かれていきます。失敗を恐れず、傷つくことや傷つけてしまうことすら恐れずに、それでも許し合う勇気をもってひととかかわることが重要です。

一方、論理的コミュニケーション力を磨くうえでは、学校の勉強がそのまま役に立ちます。数学なんて論理的思考力を磨くにはもってこいですし、理科や社会で何がどういう原理原則にもとづいて動いているのかを理解するときにも、緻密な論理的思考が必要です。そういう訓練をどれだけしているかが、論理的思考力の礎《いしずえ》になります。

逆にいえば、単に重要語句を覚えたり、公式を丸暗記したりするような、テストの点をとるための勉強ばかりしていたら、論理的思考力は磨けません。いくら成績優秀でも、そういう見た目の学力を身につけているだけだと、スペシャリストの集団には加われませんから、それこそこれからの時代では食いっぱぐれてしまいます。

ちなみに日本には「飲みニケーション」という文化もあります。お酒を酌《く》み交わすことによってスムーズにものごとが運ぶようになるってことなんですけど、これはお酒の力によって論理を排除して、共感的コミュニケーションでごり押ししようという作戦です。二十歳《はたち》になったからといって若いころから飲みニケーションに頼ってばかりいると、論理的コミュニケーション力が育たず、そのうち「使えない年配」扱いされるようになること間違いなしですから、気をつけてください。

## せこい損得勘定に染まるな！

自分のスペシャリティーが時代の風向きにぴたりと一致すれば、世間的な意味での大成功を収めることができるでしょう。時代の風向きとズレていると、食えてはいけても、世間的なスポットライトを浴びることはないかもしれません。そこは運です。

だからといって、時代に迎合して、好きでもないことをやり続けるのは大変ですよ。一発当てることくらいできるかもしれませんが、好きでもないことを長くは続けられません。どうせ時代の風なんてすぐに変わってしまいますし。

時代の風を読むといえばかっこいいかもしれませんが、時代の風向きをいつも気にして振り回される人生は主体的ではありません。つまり不自由です。

そうではなくて、自分自身の人生のコンパス（羅針盤）とモノサシ（評価基準）をもつことができたら、世間からの評価とか他人との比較から解放されます。そのほうが自由な人生ですよね。

「またおおたは無責任にきれいごとばかり言ってるよ」という批判があるかもしれませんから、データを一つ示してこの章を締めましょう。

六〇年以上にわたる大規模追跡調査の結果を分析した、東京都医学総合研究所とロンドン大学の共同研究で、思春期の時点で抱いていた価値観が人生の終盤での幸福感に大きく影響することが示唆されました。報告書から引用します。

・思春期の時点で抱いていた「興味や好奇心を大切にしたい」という価値意識（内発的動機）が強いと、高齢期の幸福感が高まり、「金銭や安定した地位を大切にしたい」という価値意識（外発的動機）が強いと、幸福感が低くなることを明らかにしました。親の社会経済的地位や、本人の学歴によらず、この関係が認められました。

・若者に対して経済的な成功や安定を目指すように強調するよりも、自身の興味や好奇心をはぐくむ教育環境を作っていくことが、活力ある超高齢化社会の実現に向けて重要な対策であると示唆されます。

論文の要旨を私なりにまとめれば、中高生のうちにせこい損得勘定にとらわれるな、自分の内側から湧き出る熱い想いを信じろ、となります。

# 第四章

# なぜ大人は髪型や服装にうるさいのか？

## バカとルールの無限増殖ループ

学校のどこがイヤかって、いつどこで何をしてすごすかとか、どんな服装をどのように着こなすかとか、どんなヘアスタイルにするかとか、一般社会であれば日常的に選べる自由がことごとく制限されていることですよね。しかもそれが当然だと思われている。

学校は社会の縮図だなんてよくいわれていますが、どこが社会の縮図なんでしょうか。世の中は思い通りにならないものなんだよ、自分で選べると思ったら大間違いだよというあきらめのメンタリティーを刷り込むためのクソみたいな装置として学校があるように思えることすらあります。

そんなメンタリティーを刷り込まれたひとたちに民主主義なんて運営できません。自分で選ぶことの喜び、難しさ、責任などを十分に経験できていないのですから。誰かが決めたルールに盲目的に従い、逆にルールが禁じていないことは何でもしていいんだと解釈します。

主体性を放棄して、思考停止に陥った大衆のできあがりです。主権者教育どころか、主権者意識の去勢です。統治する側からしてみれば、最高に扱いやすい。

思考停止に陥った大衆は、次から次へと新しいルールを求めます。自分で考えたくないから、自分で考えられないから、だれかエラいひとに、ルールで決めてくださいと頼むのです。ルールはひとが自分の頭で考える機会を奪いますから、ルールが増えれば増えるほどひとはバカになります。バカが増えるから、ますますルールが必要とされます。バカとルールの無限増殖ループです。

そして思考停止に陥った大衆は、ルールを少しでも逸脱したひとを徹底的に攻撃します。コロナ禍における「マスク警察」がそのわかりやすい例です。

……と、ちょっと過激な学校論からこの章を始めてみました。過激ではありますが、どこまで意図的に設計されているかは別にして、少なくとも結果として、現在の学校がこのような作用を人々にもたらしていることは真実だと思っています。

その構造的な危険性を認識して、学校に染まりきらず、うまく学校を利用する知恵が、私たちには必要です。実際には、中高生がこの構造を自覚するのは非常に困難ですから、まわりの誠意ある大人たちが、気づかせてあげなければいけません。

近くにそういうひとがいればいいのですが、すでに学校に染まりきって主体性や批判的精神を去勢されてしまったひとたちにはそのような役割を期待できません。むしろ子どもたちをますます学校に染めようとしてしまいます。長い学校教育で洗脳を受けた結果、そうしないと社会の中で生きていけないと、本気で思ってしまっているからです。そしてそういう大人たちは、残念ながら、世の中にかなり多い。

だからいま私はこの本を書いています。小さなレジスタンスです。

## 戦争ができる国のつくり方

学校がもつ構造的暴力性と、批判的精神の大切さの、両面について身につまされる「事件」がありました。

二〇二三年、関東のある公立中学校で、生徒にリストバンド型のウェアラブル端末をつけさせ、脈拍データから集中度を把握する試みが始まりました。それがメディアで報道され、なかには最新技術を用いた新しい学校のあり方のような好意的な報じ方もありました。しかし私は直感的に戦慄《せんりつ》しました。

得られるメリットがなんであれ、自分の生理現象を常時モニターされ解析されるなんてこと、集中治療室などの特別な状況でない限り自分がやられたいと思いますか？　私が論じたいのはこの点に尽きます。

これを生徒に着けさせるなら、教員も着けるべきだと思います。集中して授業ができているかどうかわかるし、データの解析の仕方によっては長時間労働やストレスの防止に役立つかもしれませんよ。校長も勤務時間中は常に装着してその数値を全校生徒や保護者が見られるようにすべきでしょう。教育委員会にリアルタイムでデータが送信されるようにしておくとなおいいですね。管轄下の全教員の状況を把握して教員の勤務改善に役立てられるかもしれません。……もちろん皮肉です。

でも学校から言われると、生徒たちはなんとなくそんなもんなのかなと思ってしまいます。それが学校の怖さです。自分の生体データが常に他人に見られているのが「当たり前」だと刷り込まれたひとが大量に育ったら、「管理社会」どころか「監視社会」に、いつだってなり得ます。

哲学者ミシェル・フーコーの「パノプティコン効果」を思い出させます。直接的に叱られたりしなくても、常に監視される状態に置かれることによってひとは無意識のうちに社会規範に従順になってしまい、社会の矛盾にも気づけなくなってしまうということです。制度を導入する側がそれを意図していなくても、そういう効果が得られます。

技術が進歩すれば必ず倫理観との葛藤が生じます。目の前のひとの「能力」「心の状態」「健康状態」などが透けて見えるゴーグルのようなものが今後本当に開発されるかもしれません。そういうものが普及した社会を望みますか？という問題とも、この問題は地続きです。

ちなみに欧州議会でのＡＩに関する禁止事項ルール案には、「教育機関における感情認識システム」も含まれています。今回のこれはＡＩではありませんが、倫理的には同じ理由で制限されるべきといえるはずです。

さらにこの件に関連して、私が怖いなと思ったのは次の二点です。

一つめは、健全な批判的精神を育てる場所であるべき学校で、授業改善のためや生徒のふりかえりのためという組織的な大義名分が、人権意識や倫理観をいとも簡単に上回ってしまい、校長をはじめとする教員たちですら自分たちの本末転倒に気づけなくなることがあるということです。

もう一つは、客観的な立場にあるはずのメディアでも、批判的精神をどこかに置き忘れ、学校側（権力側）の言い分をたれ流してしまうことがあるということです。

戦争ができる国というのはこうやってつくられていくのだろうと思います。

## ブラック校則を変えるのは誰の責任か？

髪型やスカートの丈についての神経質すぎる規定や、下着の色にまで注文をつけ場合によっては教員がそれを確認するという明らかな人権侵害までを含む、いわゆる「ブラック校則」も近年注目を集めるようになりました。

日々ブラック校則のようなものに縛られていると、「それ、おかしくない？」と疑う気持ちが鈍麻《どんま》させられてしまいます。髪型やファッションという自己表現の手段を奪い、プライベートゾーンまで監視されることを「当たり前」だと思わされた子どもたちが大人になったら、彼らも当たり前に他人の表現の自由を奪い、プライベートゾーンまで監視するようになります。

そこでブラック校則を見直そうという動きがいま全国各地で起きています。生徒たちが主導する見直し運動もあれば、まわりの大人たちが主導する見直し運動もあります。

生徒たちの人権保護という立場からは、大人たちの責任で一刻も早く生徒たちの人権を守るべきという理屈が成り立ちます。一方で、せっかくであれば生徒たち自身が自分たちの権利を主張して、校則の変更を成し遂げるべきだという考え方にも一理あります。

完全に抑圧されて自ら蜂起《ほうき》する契機が望めない学校においてはまわりの大人がきっかけをつくってあげる必要があるかもしれません。でも、もし生徒たちが自分たちの置かれた状況に自覚的であり、自分たちで問題提起することができるのなら、生徒主導で動いたほうが、校則が変わるという結果のみならず、そのプロセスにおいて生徒たちが学べることが多くなるだろうと思います。

いわば、近代ヨーロッパで起きた市民革命の追体験です。中世・近代の人類の追体験をすべき中高生の学びとしてはもってこいです（四五ページ参照）。

与えられた自由ではなく、勝ち取った自由は、自分たちの誇りとして、生き続けます。それを手に入れる行程がいかに険しいかを実感しているからこそ、大切に守り続けようとします。それを犯すものへの警戒心も育ちます。

中高時代にそのような経験を積んだひとたちが大人になってつくる社会は、自分の自由を守り、他人の自由も守ろうとする社会になるはずです。

## 髪型や服装にうるさい大人たちの本音

校則を自由化するというと、学校が荒れるんじゃないかという心配の声が上がることがあります。というか、必ず上がります。そういう心配の声を上げるのは、要するに、学校で洗脳され、与えられた常識を疑う力を去勢されたひとたちです。

「衣服の乱れは心の乱れなんて、昔は言いましたが、心が乱れているのなら服装にごちゃごちゃ言うよりも、心に寄り添えばいいのです。服装は彼らにとっては自己表現のひとつ。バイタリティを獲得する重要な手段なんです。その自由を奪ってしまうなんてナンセンスです。自由を与えられると最初はいろいろやってみるものですが、次第に落ち着きます」とは北海道にある私立高校の教頭先生の話です。

むしろ、校則というたがが外れた途端にめちゃくちゃな言動をしはじめるのだとしたら、その状態で学校を卒業させるほうが怖くないですかね。校則で縛っている限り、生徒たちが本当に自律できるように育っているのかどうか、確かめようがないじゃないですか。学校の中でトラブルを起こさせないことが第一で、学校から追い出してしまえばあとのことは知らない、とでも思っているのでしょうか。

東京のある私立女子校には制服がありません。制服の廃止を決定したときの校長先生は、決断に関して次のような考えを述べています。

「あるいは、ひとによっては思いきって派手な服装をしてくることもあるかもしれません。そして、ある種の流行になるという心配もあります。しかし、そのような浮いた空気があるとするならば、すでにこの学校の教育に大きな欠陥があることを示すにすぎません。そのときは、服装よりも教育のありかたそのものを反省すべきであって、またそれに耐えられなくなって服装にうき身をやつす生徒の弱さは、別に解決すべきだと思います」

だんだんわかってきましたよね、髪型や服装にうるさい大人たちの本音が。自分たちの教育や子どもたちへの接し方が未熟で不適切であることがバレるのが怖いんです。

一方で、髪型にしても服装にしてもアクセサリや化粧にしても、華美にならないようにというメッセージを学校が発するのには一定の意味があるでしょう。中高時代は、表面を取り繕《つくろ》うのではなく、自分の中身を磨き上げる時期だからです。その中身こそが一生の財産になります。

どこまでが適当でどこからがやりすぎなのか、線引きは難しい。ときには失敗することもあるでしょう。それも経験。いいさじ加減を自分で判断する訓練だと思ってどんどん失敗すればいいのです。大人も子どもの失敗にいちいち目くじら立ててはいけません。いちど自分のなかに基準ができれば、あとはその都度《つど》適切に判断できるようになります。

## 中高生の自由を制限する偏差値差別

公立であれ私立であれ、いわゆる名門校には制服がない学校も多いですよね。一般には、偏差値が高い子どもたちだから自由を与えても秩序が保たれているだけで、偏差値が低い学校で同じことをしたら学校が荒れるといわれています。それって、とんだ偏差値信仰あるいは偏差値差別だと私は思います。

私はいろいろなタイプの学校を取材で訪れますが、偏差値が高かろうが低かろうが、いい学校の生徒たちはキラキラと輝いています。逆にいうと、生徒たちがのびのびとしていてキラキラ（ギラギラではない。七五ページ参照）と輝いて見える学校を、偏差値に関係なく、私はいい学校と呼んでいます。

なのに偏差値帯によってあたかも生徒たちの人格的質まで違うかのように思われるようになったのには、おそらく一九七〇年前後の高校紛争が影響しています。

大学で学生運動が盛んになって、一九六九年には東大で学生と警察が激しく衝突する安田講堂事件が起きました。その熱が、全国各地の高校にも飛び火します。高校生たちはときに学校内にバリケードを築き、頭髪規定や制服・校帽の撤廃、校則の自由化などを求めて教員とぶつかりました。

私立・公立にかかわらず、各地域で名門校として一目を置かれていた一部の学校には、政治意識が高く、世の中の潮流を正確に把握しながら、十分な理論武装をして学校側と渡り合うことのできる生徒たちが一定数いました。その結果、彼らは自由を獲得するのです。でも、それよりも偏差値的にランクの下がる学校においては、そこまでの交渉力をもつ生徒集団が組織されず、逆に生徒たちの〝反乱〟は鎮圧され、あるいは懐柔《かいじゅう》され、ますます学校に管理されるようになりました。

こうしてあくまでも結果的に「偏差値の高い学校は自由、低い学校は管理される」という状況が完成しました。おそらくその状況に見慣れてしまった大人たちが勝手に偏差値の高さと自律性を結びつけるようになったのではないかと私は考えています。

## 自由や自己肯定感の格差を許すな

「偏差値が高い子だからこそ自律できる」という言説は、「偏差値の低い子は自律ができない」と言い換えられます。この状況では、偏差値を人格の代理指標として、偏差値が低い、すなわち人格的質で劣るひとの自由は制限されて当然であるという考えが、多くのひとの無意識に刷り込まれてしまいます。

偏差値によって学校の価値だけでなくそこに通う生徒たちの素行までを決めつける。その〝教育効果〟は絶大です。「お前は泥棒だ」と言って育てれば子どもは立派に泥棒に育ってくれるというように、大人の〝期待〟通りの自己像を子どもはもちます。「偏差値の低い学校に通っているお前たちは規則で縛ってやらないと自律できない」と言って育てれば、子どもたちは自律しないように育つ。呪《のろ》いにかけられるのです。

この社会では、一二歳や一五歳時点でのペーパーテストの点数で、「君は自律ができるひと」「君は自律ができないひと」というレッテルを貼《は》っている可能性があります。それによって青春時代に得られる自由や自己効力感にまで格差が生じるのであれば、その格差が子どもたちの人生に与える影響はおそらく、学歴格差がもたらす影響よりも甚大です。社会に出てからも「どうせ自分は……」と思ってしまいかねません。

もし偏差値差別を感じたら、せめて心の中で、一人高校紛争をしてください。決して屈しないでください。

いや、ほんとは、そんな状況があるのなら、一刻も早くそれを変えるのが私たち大人の責任なのに、すぐにはそれができないのがたいへん申し訳ないのですが、地道なレジスタンスを私も続けるつもりです。みなさんも、少なくとも差別する側にはならないでください。

世の中が「どうせお前には自律ができない」という呪文をかけられたひとばかりにな

ってしまったら、民主主義なんて成り立ちません。

## シルバー民主主義は教育の敗北

「未来を良くするためにはどうしたらいいと思う?」という課題に対して、政治家や政党がそれぞれに案を提示して、国民がどれかを選ぶ。それが間接民主主義の基本的構造です。

「主権者教育(市民教育)」の真髄は、「投票は自己利益の最大化のためにするものではなく、国民(市民)として、未来の社会への責任を果たすためにするものである」ことを実感を伴って学ばせることに尽きます。

現在、高齢者に有利な政策ばかりが実現するいわゆる「シルバー民主主義」のような現象が起きているのは、本質的には高齢者の人口が多いからではありません。「より良い未来のため」の一票を「自己利益の最大化のため」に使ってしまう大人が多いからです。適切な主権者教育がされてこなかったことの残念な結果です。

民主主義社会では、五一対四九のとき、五一の陣営が一〇〇パーセント好き放題やっていいわけではありません。四九の意見も考慮して、全体としての納得解を導き出すプロセスこそが民主主義。決まったからには四九側のひとも五一側のひとに歩み寄る必要があります。だからまどろっこしい。

昔、聖徳太子《しょうとくたいし》が七人の話を同時に聞いたというのは、単に同時に理解したというだけではなくて、七者七様の要望をすべて聞き入れたうえで、七人全員が納得できる解を提案する調整能力があったという意味だと思います。それが「和を以《もっ》て貴《たっと》しと為《な》す」だと私は解釈しています。対立を煽《あお》るのではなく、対立構造を解消していくのが政治家の役割だということです。

学校において主権者教育を実施するためにもっとも効果的なのは、学校そのものを民主主義社会にすることです。教師が絶対権力者のように振る舞う学校で民主主義のなんたるかを教えることなどできるはずがありません。生徒たちができる限りの自治権をもち、熟議を通して集団としての「納得解」にいたるプロセスを幾度となく経験できるのが理想です。

「生徒一人一人、感じ方も考え方も違う。クラス全員が一致団結するなんてことはそもそもあり得ない。かといって、多数決で過半数を占めたグループが好き放題やっていいことにもならない。クラス全員が最低限不愉快にならない落としどころをみんなで見つけられるようになることが、まず重要」とある私立高校の教員は言います。

生徒が先生の言いなりになるのではなく、生徒自らが考え、実行し、結果について責任を負う機会をもつ。当然失敗もある。生徒たちは失敗からこそ学ぶ。先生は失敗しないように手を貸すのではなく、生徒が失敗から学ぶのを見守る役に徹しなければならない。そのためには保護者や地域の理解も必要です。

昨今は学校を民間企業のようにとらえる風潮もありますが、これは民主主義教育との食い合わせが非常に悪い。

企業は一般に、民主主義とは真逆の構造になっているからです。第一に、企業においては利益の最大化という目的が明確です。しかも企業には、社長という最高権力者がいて、命令系統が明示されており、組織の中での立場には明確な上下関係もあります。社長の鶴《つる》の一声で会社の方針が変わってしまいます。社風に合わない者はやめていきます。

しかし民主主義社会はそうではありません。社会運営の目的そのものが意識化および共有されることはまず少ない。そして多様な価値観をもつ人々が、それぞれに平等な発言力をもち、お互いの意見を尊重し合うことで成り立っています。みんなが好き勝手なことを言うからなかなか決まりません。でも簡単に決めてしまわないことこそが民主主義の優れた点でもあります。社会に可塑《かそ》性・弾力性がもたらされ、ファシズムを阻止するのです。

民主主義政治のプロセスを民間企業経営のプロセスになぞらえて語ってしまうひとが多いこと自体も、主権者教育が行き届いていないことの証左といえるでしょう。

## 政治的中立性を巡る本末転倒

主権者教育というと、教育の政治的中立性をどう保つのかという議論に発展することがあります。しかしそこについてはいくら議論してもきりがありません。そもそも中立性という概念自体が幻想だからです。

どんなにバランス感覚の良い先生が公正に教材を選び多種多様な意見を平等に教えたところで、一つの教室の中で厳密な中立性が保たれることなどあり得ません。どんな人間にもそのひとの視野の限界があり、思考の限界があり、表現の限界があるからです。それらの限界をもたない神でもない限り、何が中立なのかを言い当てることなどあり得ません。

教育において大切なのは中立性よりも独立性です。教育がときの権力の傘下に収まってしまったら、権力によって都合のいい教育が学校を舞台に実行されかねません。ウェラブル端末で生体データを監視したり、ブラック校則で理不尽に従う態度を刷り込んだり、偏差値のような指標でひとの価値を決めつけたり、やりたい放題になります。だから、政治は、あるいはときの権力者は、教育に介入することに慎重でなければいけません。市民も、政治による教育への介入には、厳しい目を向けなければなりません。

太平洋戦争終戦直後、日本の教育状況を視察した米国使節団は、「教師の最善の能力は、自由の雰囲気の中でのみ栄えるものである。この雰囲気を備えてやるのが教育行政官の務めであり、決してこの逆ではない」と提言しています。戦前の教育が復活しないようにと釘《くぎ》を刺す意図があったのでしょう。

さきほど、教育に政治的中立性を求めるのは無理筋という話をしましたが、それに近いものを実現する方法がないわけではありません。教育の多様性を担保することです。先生一人一人が極力中立性に配慮することはもちろんの前提ではありますが、その限界を認めたうえで、多様な教育がなされることで、結果的に社会全体としてのバランスが保たれます。

多様な教育で育った多様な人々が集えば、それぞれの価値観を持ち寄り、その間にある枠をお互いに打ち破り、多様な価値観を共有することができます。結果的に価値観のバランスが保たれ、社会全体の選択肢も広がります。むしろ教育の中立性を担保する方法はこれしかないだろうと思います。

現在多くの学校では、教育の政治的中立性に配慮するあまり、現実社会で起こっているリアルな議論についてあえて触れないという本末転倒が起きているようですが、一部の私学においては逆に、現実社会で起きている問題について議論するための特別科目を設定していたりもします。授業の目的は、教員の考えを押し付けることでもなければ結論を出すことでもありません。客観的な情報を集め、それぞれの生徒がそれぞれの観点から分析し、意見を共有することです。

昨今の教育改革議論は、産業界のための即戦力育成に優先順位を置いているように見えます。だから世界を股にかけて活躍できるグローバル人材を育成するグローバル教育や、科学技術をイノベーティブに活用できる人材を育成するSTEAM教育（科学、工学、技術、芸術、数学の頭文字。それらの要素を混ぜ合わせた教育）などがやたらともてはやされています。しかしもっと重要なのは、民主主義社会の一員としての教育です。たとえば主権者教育やジェンダー教育です。まとめて市民教育といってもいいでしょう。その順番を間違えてはいけません。

## 批判が歓迎される社会を目指す

あんまり具体的にいうのは控えますが、「批判禁止」という奇妙な標語を誇らしげに掲げる学校を最近目にしました。意見の多様性を認め合うために、うちの学校では批判を禁止していますって。これ、はっきり言ってファシズムを刷り込む学校ですよね。

批判と否定は違うし、批判的精神と多様性は両立します。

新しいことを始めるのに批判はつきものです。当たり前です。批判は研磨剤《けんま》です。摩擦は起こるし、やりすぎれば傷つきますが、研磨《けんま》しなければ意見や方法は洗練されません。だから批判的思考力（クリティカルシンキング）が必要なのです。

批判だけなら誰でもできる――。これも当たり前です。だから直接的な行動はできなくても、批判くらいはみんなでしなくちゃいけないわけです。そうやって集合知をつくっていくのが民主主義社会です。

「文句を言うなら自分でやれ」「批評家になるな」もよく聞きますが、これは実は社会的強者にとって都合がいい理屈です。実行力のない社会的弱者が何かを訴えたいなら、まずは競争社会を受け入れて競争に勝て、ということですから。これを認めてしまうと、当事者しかものを言えない社会になります。つまり既得権者に有利な社会です。

ファシズムの初期症状として、知識層や学問に対する蔑視《べっし》が起こります。それがさらに進むと、批評家、思想家、芸術家、作家などが弾圧されます。彼らは批判のプロだから（批判されるプロでもあるけれど）。批判することで社会のバランスを保つのが彼らの社会的役割だから。社会として彼らを抹殺すると、全体主義社会が完成します。

人々のなかに根づく批判的精神やそれにもとづく批判的思考、そしてときには真っ向から不正を批判する勇気は、民主主義社会の要です。批判が生まれない社会は危険です。批判することも、されることも、悪いことではありませんから、そんなにビクビクしなくていいんです。

批判をネガティブなものだととらえるひとが多いから、批判が起こるとますます社会がギスギスします。いわば批判に対するアレルギー反応ですね。でも、批判は歓迎すべきものだという前提があれば、たくさん批判が出てきても社会の雰囲気は悪くならないはずです。むしろそこから論理的コミュニケーション力（七六ページ参照）を駆使した建設的な議論が始まるはずです。

もちろん、批判するにしてもできるだけ相手を傷つけないような言い方にする配慮は必要ですし、批判に乗じて相手の人格を傷つけることを目的にした悪口や否定は厳に慎むべきですが。

変化や危機に強い社会にするためには、批判をしない社会ではなくて、批判を歓迎し当たり前のこととして受け入れる社会を目指すべきだと私は思います。

というわけで、この章はかなり辛口に書きました。

# 第五章

# 「いい学校」より「面白い学校」を探せ

## 学校の偏差値は簡単に操作できる

困った質問をされることがあります。偏差値表の最上段には男子校ばかりで、〝いい学校〟の選択肢が女の子には少ないと。これは男女差別ではないかと。

困っちゃうんですけどこれはある意味いい質問で、これにちゃんと答えると偏差値とは何かということがよくわかるんですね。ちょっと回りくどくなりますけど、せっかくなので、書きますね。知ってるぜ！ってひとは読み飛ばしていただいて結構です。

前章で偏差値差別の話をするときに、偏差値の高い学校とか低い学校とかいう言い回しを便宜上していたんですけど、そもそもそんなものはありません。

偏差値というのは数学の統計の分野で出てきます。ある母集団において、何らかの基準を設けて序列化して、母集団を形成する各要素が全体の中でどれくらいの位置にいるのかを示す数値です。平均点が偏差値五〇で、偏差値六〇がだいたい上位一五パーセントの位置にいることを意味します。偏差値四〇だと下からだいたい一五パーセントの位置です。

だから、全国の高校を、たとえば校地面積の大きい順に並べて、学校ごとの偏差値を出すことは可能です。「偏差値＝学力」というのは思い込みです。

世間一般にいう「高校の偏差値」は、その高校の入試の難易度を表しています。でも全国の高校の入試の難易度を何らかの指標で数値化して序列化して求めた偏差値ではありません。まったく違うロジックで付けられたものです。

大規模な模試を行う業者の手元には、受験生一人一人の偏差値情報があります。たとえばAさんという中学生の模試での偏差値は六〇だったと。で、Aさんは実際の高校入試を受けます。合否が出ます。その結果を、模試業者が事後アンケートなどで調査します。Bさんについても、Cさんについても……模試の受験生全員の実際の高校入試の合否結果を集めます。

そのデータを集計すると、模試でたとえば偏差値五五くらいをとっていた受験生の約八割が「おおた学園高等部」という高校の入試に合格しているというような分析結果が得られます。それで、偏差値が五五くらいあればおおた学園高等部にだいたい八〇パーセントの確率で合格できるとわかります。

こうやって算出されたのが、いわゆる偏差値一覧にある学校の偏差値です。だから、同じ学校でも模試業者によって付いている偏差値はだいぶ違います。大学受験でも中学受験でも理屈は同じです。

東大にたくさんの合格者を出したり甲子園に出たりして世間からの注目が集まると、翌年の入試にはたくさんの受験生が集まります。つまり倍率が上がります。すると、たとえば例年であれば四〇〇人の受験生の中から上位二〇〇人を選抜すればよかったところが、六〇〇人の受験生の中から上位二〇〇人を選ばなければいけなくなります。前年であれば受験生の上位二分の一の学力があれば合格できたのに、上位三分の一の学力がないと入れなくなるということです。こうして、倍率が上がれば、合格者の学力を示す偏差値も上がる傾向があります。

ではここで考えてみてください。自分がある学校の校長だとして、なんとか自分の学校の偏差値を上げたい場合、最も手っ取り早い方法はなんでしょうか。

簡単ですね。定員を減らせばいいんです。二〇〇人の定員を一〇〇人に減らせば、偏差値上位の受験生しか合格できなくなりますから、学校の偏差値も上がります。

実際に、そうやって見た目の偏差値をつり上げている学校が、特に首都圏の中学受験においてはたくさんあります。入試を小分けにして、一回当たりの定員をものすごく小さくするんです。たくさんの入試を設定して受験生に受けてもらいやすくしていると学校は言いますが、実際は偏差値をつり上げたいんです。ただし、公立高校のように入試日が横並びで決まっている場合にはその手は使えません。

## 偏差値はラーメン屋さんの行列と同じ

そこでようやく冒頭の質問に話を戻します。

男子校のほうが女子校よりも総じて偏差値が高く見えるのは、端的にいえば、男子校のほうが少ないからです。

全国の高校の中で、女子校は男子校の三倍近くあります。だから女子は多くの学校に散らばります。そのぶん、それぞれの学校の倍率は下がり、偏差値も低めに出ます。

さらに、日本社会にはびこるジェンダー・バイアス（無意識の偏見）によって、「女の子はそんなに無理して難しい学校に入らなくていい」というメッセージを受け取りやすい。だから志望校選びも安全志向になりやすい傾向があります。

逆にいえば、男の子はそもそも座席数が少ないうえに少しでも難しい学校に挑戦すべきというジェンダー・バイアスによる圧力も受けやすい。だから一部のトップ校に学力上位層が集中し、高偏差値の学校ができてしまうのです。

たしかに偏差値一覧の最上段にある学校の数でいえば男子の選択肢が多く見えるのですが、それにはカラクリがあるということです。

男子校と同じくらい偏差値の高い学校を増やしたいと願うなら、簡単な方法があります。上位女子校の募集定員を二分の一とか三分の一とかに絞るんです。そうすれば偏差値は爆上がりしますよ。でもそんなことをしても女子にとって全然ありがたくないですよね。高偏差値の学校を求めるって、そういうことなんです。

一部の女子トップ校の定員が少ないからもっと増やしてほしいと願う声もあります。たとえば東京都心にある最難関の私立女子高が、もし二〇〇人の定員を七〇〇人に増やしたら、その学校の偏差値は確実に下がります。するときっと、偏差値信仰に毒されたひとたちは「あの学校は偏差値がガタ落ちして凋落《ちょうらく》した」と噂《うわさ》するんです。そして、女子のための〝いい学校〟の選択肢がいよいよなくなったって怒るんです。

ここでこんな話を持ち出したのは、男女差別を受けているのはどちらかという議論をしたいからではありません。学校の偏差値という数字がいかにいい加減なもので、学校に対して間違った解釈を与える危険なものであるかをお伝えしたかったのです。

学校の偏差値って、要するにラーメン屋さんの行列のようなものです。入りやすさを表すもので、おいしさを表すものではありません。テーマパークのアトラクションにできる行列に例えてもいいです。話題のアトラクションには長い行列ができますが、もし自分のお気に入りのアトラクションがガラガラだったらラッキー！って思うでしょ。つまり、自分が行きたい学校の偏差値が低いことは本来喜ぶべきことなんです。

なのに、偏差値信仰にはまっちゃったひとや偏差値差別をひしひしと感じているひとは、偏差値で学校を選んじゃうんです。それは、味もわからないのにいちばん長い行列ができているラーメン屋の前に並んでしまうようなものです。

というわけで前置きが長くなりましたが、この章では、自分の目で冷静に学校を選ぶ視点を提案したいと思います。

## 学校選びを通して自分を知る

受験生の保護者から、わが子に合った学校を見つけるにはどうしたらいいでしょうか？という相談を受けることがあります。気持ちはわかります。でも、私に言わせてもらえば、前提が間違っています。わが子に合った学校がどこかにあるんじゃなくて、どんな学校を好きだと思うのかにその子らしさが表れるんです。

いろんな学校を見るなかでなんとなく、ああ自分はこういう系統の学校が好きなんだなというのがあとからわかってきます。自分に合った学校を探すんじゃなくて、学校選びを通して自分を知るのです。そういうつもりで学校選びに取り組めば、きっと納得のいく学校選びができます。

パソコンや自動車なら、性能と価格とせいぜいデザインの好みで比較検討が可能です。でも学校選びは、海外旅行の行き先選びみたいなものです。フランスにはフランスの良さが、イギリスにはイギリスの良さが、ハワイにはハワイの良さがあるわけで、どれが絶対的にいいかなんていえません。ただ、海外旅行はその気になれば何度でも行けますが、学校は基本的にどれか一つを選ばなければいけません。

どんなに情報を集めて、どんなに論理的に考えても、正解はわからない。人生にはそういう決断を迫られる場面がたびたび訪れます。そんなとき、どんなふうに考えて選択すればいいでしょうか。

選んだものを事後的に正解にすればいいのです。

どういうことか？　大学受験を例にしてみましょう。

A大学とB大学という二つの選択肢があったとします。世間一般にはA大学のほうが高く評価されています。でも自分はB大学を選びました。あるいはB大学しか合格できませんでした。だとしたら、B大学でしかできないことを一生懸命やればいいんです。B大学に行ったからこそ出会えた友達や先生を大切にして、一生の財産にしてしまえばいいんです。それができれば、B大学を選択しなかった人生なんて考えられなくなります。あのときB大学を選んで良かったなと思えます。これが事後的に自ら正解をつくるということです。

決断の良し悪しは、決断したときには決まっていない。決断したあとの生き方が事後的にその決断の良し悪しを決めるのです。

学校選びだけではありません。会社選びや結婚相手選び、転職の機会など、人生における重要な決断ほど、事前に正解がわかることなんてありません。そんなときは、まず決断するんです。そしてその決断を事後的に自分にとっての正解にすればいいんです。

親であれ先生であれ、自分以外の外野の意見は参考程度にとらえましょう。大切な決断ほど自分の直感を信じてください。

またそんな無責任なことを……と思うかもしれませんが、本当です。行動遺伝学の本『生まれが9割の世界をどう生きるか』（安藤寿康《じゅこう》、SB新書）から引用します。


あえて一言で説明するならば「脳は予測器である」ということになります。

この一文は、イギリスの神経学者であるカール・フリストンが提唱する「自由エネルギー原理」を言い換えたものです。自分の才能のありかを「ここ掘れ、わんわん！」と教えてくれるのが、自分自身の内的感覚だと、著者の安藤さんはくり返し訴えます。

人間には自分にふさわしいものに反応するセンサーが生来的に搭載されているようなのです。金属探知機のように、目的のものに近づくと、光を発して知らせてくれます。それがキラキラとした目の輝きなのです（七五ページ参照）。私の表現では。安藤さんは行動遺伝学の知見から、こうも書いています。

あなたの勘が、この学校はいいなと感じさせてくれたら、それを大事にしてほしいと思います。

ほら！　私とまったく同じことを言っているでしょう。ついでにこんな文章も引用させてもらいましょう。

教育関係者にとってはいささか不本意かもしれませんが、あえて申し上げます。実際のところ学校が生徒にしてあげられることなどたかが知れています。極論を言えば、偏差値が高い学校は教え方が優れているから生徒が優秀なのではなく、優秀な生徒をスクリーニングして集めているから先生も教えやすく、よりレベルの高いことまで教えることができるわけです。

これもね、私もよく訴えていることなんです。〝いい学校〟に行ったから頭が良くなって、〝いい大学〟に行けるってことでもないんです。〝いい大学〟に行く力がある生徒が集まっている学校から、〝いい大学〟にたくさん入るというだけの話です。

ですから、もしあなたが将来〝いい大学〟に行くポテンシャルをもっているなら、どんな高校に行くことになろうが、たいていの場合、最終的に〝いい大学〟に行けるから心配しないでください。もしイメージしていた大学に入れなかったとしたら、あなたにとっての正解は別にあるということです。これも学校選びに重要な観点ですよね。

だから、中学受験や高校受験で第一志望に合格できなかったとしても、まったく絶望なんてする必要はありません。

偏差値が一定以下なら私立中学に行く意味がないというのもナンセンスです。偏差値の高い学校が子どもの頭を良くしてくれるわけではないのですから。その学校の水に合っているかどうかが肝心です。

どこの学校もいい学校に思えてきて絞りきれないという場合、それはどこの学校でもやっていけるということです。

## シラバスよりもハビトゥス

もしかしたら学校選びで最も重要なのは、どんなに世間的な評判が良くても、直感的に違和を覚えるような学校は迷いなく志望校候補から外すことかもしれません。

以下、中学受験や高校受験での学校選びを想定して書きます。

校長先生の話から人柄がにじみ出ていない（つまりは自分の言葉で語っていない）。校長先生がまわりの先生たちに威圧的な態度で接している（つまりは先生たちも生徒たちに威圧的な態度である）。進路担当の先生が有名大学の進学実績ばかりアピールする（つまりは授業も受験対策ばかりでつまらない）。パンフレットやホームページにビジネス雑誌に出てきそうなカタカナ用語ばかりが並んでいて何を言いたいのかわからない（つまりは流行に迎合し主体的でない）。説明会自体がＩＴ企業の株主総会のように盛られている（つまりは学校の自己肯定感が低い）。……などは、私だったら嫌だなあと思うポイントです。

特に、盛ってる感じの学校は嫌ですね。だって、ありのままの自分の姿をさらけ出せない学校が、ありのままの子どもを認めてあげられるわけがないじゃないですか。自己肯定感が低い学校で、自己肯定感の高い子が育つわけがありません。

大型案件を受注してお金儲《かねもう》けができればいいビジネスシーンなら、いくらでも盛って自分を大きく見せればいいと思いますけれど、学校のプレゼンテーションはそういう目的で実施されるものではありません。その学校で学ぶのにふさわしいひとと出会うために行う、学校の自己紹介の場です。変な例えですけど、お見合いでめっちゃ盛ってるひとって嫌でしょう。

盛ってる学校に通って、そういう文化に浸されていると、生徒も盛りがちなひとになってしまいます。学校は、家庭や地域社会では教えられない、そして言葉にはしにくい文化を身につけに行くところだからです。

学校がもつ文化を、学校文化といいます。校風ともいわれます。校風の風上には、教育理念や創立者の美学があります。その校風に何年か晒《さら》されると、その学校独特の「におい」や「らしさ」や「たたずまい」みたいなものが身につきます。

私立学校の場合には、それぞれの学校に建学の精神があります。すなわち創立者の問題意識であり、理念であり、美学のことです。創立者がいなくなってもその遺志が学校を通じて受け継がれ、教員たちのみならず生徒たちにも染み込みます。

人生の岐路に立ったとき、「こんなとき福沢諭吉《ふくざわゆきち》先生ならどうするだろうか?」「こんなとき大隈重信《おおくましげのぶ》先生なら何とアドバイスしてくれるだろうか?」と考えて、参照点にすることができるようになる。それが私立学校に通う意味です。

私学は美学です。

公立学校では多くの場合、明確な創立者がいるわけではありません。その代わりに伝統ある学校には、地域の誇りや期待が詰まっています。地域の文化や美学が学校を通して生徒たちに染み込みます。特にご当地名門校といわれるような地方の名門校には、有名私立中高一貫校に負けないくらいの誇りと気概があります。

そうやって身につける得体の知れない、におい、らしさ、たたずまいのようなものを社会学用語ではハビトゥスと呼んだりします。特定の集団に共通して見られる思考や行動のパターンを生み出す諸要因というような意味です。

日本の学校の教育内容は学習指導要領で細かく決められていますし、検定教科書もあります。その範囲で各学校は工夫を凝らし、ユニークなシラバス（学習計画表）を構成していますが、そうはいってもも学校で学ぶことがそんなに違うわけではありません。

学校を選ぶときに大切なのは、シラバスよりもハビトゥスです。

## ラーメン屋さんはにおいで直感的に選べ

ただし、ハビトゥスは言葉にしづらいあいまいなものです。部外者がそれを知るのはとても難しい。

ハビトゥスを知る手がかりとして挙げられるのは、私立学校の場合、まず創立者の伝記です。創立者の考え方、信念、生き方みたいなものが、その学校のハビトゥスの元祖ですから。そして、校長先生のたたずまいです。創立者の考え方、信念、生き方に影響され、それを体現し、あたかも昨日創立者と食事をともにしてきたかのように、創立者の遺志を生々しく生徒たちに語り継ぐのが私立学校における校長先生の役割です。

公立学校の場合は創立者がいない場合が多いのが難点です。校長先生も何年かおきに替わってしまいます。卒業生や地元のひとたちのクチコミに頼るしかありません。

ちなみに、名門校と呼ばれるような学校には、必ず鼻につくくらいの強烈なにおいがあり、校外まで溢《あふ》れ出しています。逆にいえば、偏差値に関係なく、強烈なにおいを放つ学校はすべて名門校だと私は思っているということです。もういちどラーメン屋さんに例えるならば、行列の長さよりも、お店から漂うにおいがどれだけ特徴的でしかも自分好みかどうかで選ぶようにしてほしいと思います。

大学受験の場合、私立大学のみならず、国公立大学にも割とはっきりした学風があります。ただし、大学ではそれぞれの学生が思い思いの学問を思い思いの方法で学ぶので、中高ほどには明確なハビトゥスが形成されにくいんじゃないかと感じます。

大学では、学部や学科によって学べることがまったく変わってきますから、やっぱり何を学びたいかで選ぶべきでしょう。

医師になりたいなら医学部一択だし、弁護士になりたいなら法学部が正攻法だし、国家資格が必要な職業に就きたい場合はある程度学部は限定されますが、そうじゃなければ、純粋に興味がある学問が学べる学部学科を選べばいいと思います。どんなことを学んでおくと将来有利かなんて気にしても、先行き不透明なこれからの時代にそんな損得勘定が当たるわけありませんから。それに、純粋な興味で選んだことのほうが、楽しく学べるはずです。楽しくなければ続きませんし、深められません。

## 受験の〝勝ち組〟になる三つの条件

ちなみに、私は日本屈指の名門校をたびたび取材していますが、そういう学校ほど、普段の授業で大学受験対策に特化したようなことはしていません。

最難関大学に入るための門外不出の教材や勉強法があるわけではありません。第一章で述べたように、各教科を愛する個性的な先生たちが、むしろ学習指導要領や検定教科書を度外視したような、受験とは関係のないユニークな授業を好き勝手に行っています。

学校は大学受験対策をするために通うところではないことを先生たちが肝に銘じているからです。だって〝いい大学〟に行くことだけが目的なら、学校なんて行かないで塾や予備校に通ってその勉強だけするのがいちばんの近道なんですよ。そんな生活に耐えられればの話ですけれど。

現在、高校受験生の約七割は塾を利用しているといわれています。受験に際して、学校以外に塾を利用するのはある意味スタンダードになっています。全国に小学校は約二万、中学校は約一万、高校は約五〇〇〇ありますが、学習塾はなんと約五万です。

塾は、学問的な興味を刺激するというよりは、入試問題の分析から逆算して高得点をとるのに最も効率が良い教材とカリキュラムを開発し、生徒たちに与えます。生徒たちは、次から次へと与えられる課題をただひたすら黙々とこなせばいい。

大量の課題をこなす処理速度と忍耐力があり、そもそも与えられた課題に疑問を抱かないある意味での鈍感力をもっていると、いまの社会では受験の〝勝ち組〟になれます。もちろん皮肉ですよ。「必要なのは鈍感力か！」なんて思わないでくださいね。

ひとに言われたとおりに素直にやるということもときには必要かもしれませんが、そればっかりに慣れてしまうと、自分らしい人生を歩むうえで大切な何かを失います。大切な何かとは、いうなれば、自分で自分の道を選びとる胆力みたいなものです。

憧れの学校に行くために努力を重ねることは素晴らしいことですけれど、受験勉強や受験システムに過剰適応しないように気をつけてください。

テストの点をとるという意味では効率が悪くても、回り道でも、ああでもないこうでもないと自分なりに試行錯誤をくり返し、「私はこうやって勉強するとよく身につくぞ」「私はこうやって勉強しているときがいちばん楽しい」という、自分なりの学びのスタイルに気づいて、身につけられたら、それは一生の財産になります。一生学び続けることができます。学ばずにはいられないひとになります。学びは本能ですから。

そういう経験をするために学校はあります。特に中高時代はそういう時期です。だからこれから高校を選ぶひとは、そういう経験をたくさんさせてもらえそうな学校を選んでください。

もっといえば、「教えてもらったことは何にも覚えていないけど、楽しい授業だったことはいつまでたっても忘れないなあ」と思えるのが人生を豊かにしてくれる授業です。だから、受験対策に秀でた先生ではなくて教科愛に溢《あふ》れる面白い先生がたくさんいる、面白い学校を選ぶのがおすすめです。

まあ現実には、どんな学校に行っても、そんな魅力的な授業ばっかりではないし、そんなにつまらない授業ばかりでもないですけどね。だから、どこの学校に行くかなんて、実は大した問題じゃないんです。信じてくれないでしょうけれど、これ、ほんとにほんとなんです。

型にはまったいわゆる「学校」という環境そのものが合わないひともいます。学校がクソみたいな洗脳装置の側面をもっていることは前章でしつこく説明したとおりです。そういうのを敏感に察知する性能の高いセンサーをもっているひとほど、学校に通うこと自体にストレスを感じます。

そんな場合は、フリースクールや学びの多様化学校（旧不登校特例校）や通信制高校という選択肢があります。一般的な「学校」には強いストレスを感じていた子どもたちでも、そういう〈学校〉にはのびのび通えます。これらの〈学校〉のなかにも名門校がありますす。むしろ一般的な「学校」よりも個性的で面白いと思える〈学校〉が結構あります。興味があれば拙著『不登校でも学べる』（集英社新書）をご覧ください。私が面白いと感じた〈学校〉をたくさん紹介しています。

## 努力が報われるかどうかなんてどうでもいい

中学受験にしても、高校受験にしても、大学受験にしても、第一志望目指してみなさん勉強を頑張るのだと思いますが、そもそも仮に第一志望に合格できなかったとしたら具体的に何が困るのかということはときどき冷静に考えてみてください。

憧れの学校に不合格になればもちろん傷つきますけれど、ほとんどの場合、だからといって困ることなんてなんにもないんです。国家試験に接続する医学部なんかを目指していて、どこの医学部にも入れないとなったらたしかに困るかもしれませんが、そういうときにはいつまでも下を向いていないで前を向けば、何か別の道が開けるものです。そして、その道を一生懸命歩めば、ああ、これで良かったんだと思えるものです。

不合格通知は、別の可能性が開いた知らせです。

では、第一志望は何のためにあったのでしょうか？　まだ自分が何者かがわからず、どこに向かって進んでいったらいいのかわからないあなたに対して、人生という長い旅路において当面の進むべき方向を示してくれる存在だったのです。

目的地にたどり着けることもありますし、結果として別の地にたどり着くこともあるでしょう。そこでよく辺りを見渡せば、また新しい目的地が見つかるはずです。そうしたらそこに向けて歩み出してください。

たどりつけるかどうかはどうでもいいんです。一歩一歩を大事に歩めるかどうかが大切です。人生なんてどこまで行ったって一歩一歩の積み重ねであって、はじめから人生に目的地なんてないのですから。

報われるとわかっていてやる努力って、結局のところ単なる損得勘定じゃないですか。報われるかどうかわからないのにそれでも努力せずにはいられないときに、生きる実感は湧いてきます。たとえもがき苦しむことになったとしても、その実感を味わえる対象に出会えたこと自体がしあわせなんだと思います。

# 第六章　青春の舞台としての学校

## 青春体験がないと頑張れない

学校って勉強するだけの場所じゃないですよね。部活もあれば、行事もある。青春ドラマの舞台といえば、やっぱり学校です。

青春ドラマったって、恋人同士がいちゃいちゃするリア充な話とは限りませんよ。全国大会を目指して部活に打ち込む青春もあるし、放課後の教室で気の置けない仲間たちと一見何の意味もなさそうな時間をすごすのも青春です。

つまり、受験勉強の邪魔になりそうなものって、ぜんぶ青春です。学校は受験につながる勉強をするところでありながら、同時に受験を邪魔することをたくさん経験する場所でもあるんです。その両義性が学校の面白いところです。

たぶんそれが、人生なんです。受験勉強みたいにしくみとして避けては通れないことと、青春のように一見なくてもよさそうなことと、その両方のサンドイッチで人生はおいしくなります。

どっちが具でどっちがパンでしょうか？　私は、青春的なことが具で、受験勉強的なものがパンだと思います。

これからみなさんも大人になると、どんどんパンの部分が厚くなっていきます。パンはパンでおいしいんですけど、そればっかりだとやっぱりさみしい。具とパンの自分なりのベストバランスを見つける時期が中高生だともいえます。

青春の重要性について見事に言語化して教育に取り入れているひとたちに取材したことがあります。不登校経験者への学習支援を得意にする「ビーンズ」という塾です。前章で触れた拙著『不登校でも学べる』に出てきます。

たくさんの不登校の生徒とかかわってきた経験から、彼らは繊細な一〇代の子どもたちとのかかわり方の原則を「ビーンズメソッド」という文書にまとめました。そのエッセンスをここで少しだけ紹介させてもらいます。

ビーンズでは、なんだかんだで毎日楽しく生きていけることを自立と定義しています。自立にいたるために必要な環境や条件を、四階建ての建物に例えます。

一階部分は「絶対安心の場である家庭」です。外でいろいろな刺激を受けて頑張ってきた子どもが気力・体力を回復するところがほとんどの場合、世界で唯一、家庭です。

家庭で子どもをせき立てたり、不安にさせたりしないでほしいということです。

二階部分は「伴走してくれる大人」です。いくら気力と体力が回復しても、ひとはひとりでは生きていけません。寄り添ってくれるひとが必要です。そして一〇代ともなると、それは親や先生でないほうが好ましいと言います。

三階部分がこの章のメインテーマでもある「青春体験」です。ビーンズでは青春をさらに二種類に分けて論じます。「ゆるい青春」と「熱い青春」です。

たとえば放課後の教室や部室であてもなく仲間とだらだらとおしゃべりするみたいなことが、ゆるい青春です。部活や行事で仲間と汗水垂らすみたいなことが、熱い青春です。この二種類の青春を十分に謳歌《おうか》することで、子どもたちはようやく大人の手を少し離れて、自力で社会とかかわる自信と勇気を得るのだと言います。

一階、二階、三階がしっかりとできた上に、ようやく四階部分の「挑戦と努力」が載せられます。ここまできてようやく、理想の自分と現実の自分の差分を受け止めて、その差分を埋める行為を自分事として引き受けることができるようになります。

この四階構造の説明を聞いて、私は膝《ひざ》を打ちました。これまで多くの名門校の先生たちから聞いたことと一致します。それを見事に言語化し、体系化しています。それ以降、いろいろな教育関係者にビーンズメソッドを紹介していますが、ほとんどのひとが膝を打ってくれます。「三階に青春体験をもってくるセンスがいいよね」と、あるカリスマ教育者も絶賛していました。

でも多くの大人は青春体験の価値を知りません。そんな時間は無駄な時間だと、誘惑に負けているだけだと、思い込まされてきたのでしょう。人生というサンドイッチの具は本来そちらなのに、その確信を得られないまま大人になってしまうと、パンの部分ばかりがどんどん分厚くなる人生をおくるはめになりますから、気をつけてください。

## 知り合いと親友のあいだにあるグラデーション

ゆるい青春にしても熱い青春にしても、ひとりでは経験できません。仲間が必要です。それが人生の具であるということは、利害関係を超えたひととのかかわりのなかにこそ人生の複雑な味わいがあるということです。

知り合い、友達、親友あるいはライバルと、仲間にもいろいろあります。どこからが友達で、どこからが親友か、私は次のように考えたらいいんじゃないかと思います。

どれだけ本音を言い合えるか。自分の未熟な部分をさらけ出せるか。相手の痛いところを指摘しあえるか。それでもきっとわかってくれると信じられるか。……その度合いによって、ただの知り合いから友達、親友とグラデーションになっているのではないかと思います。わかりやすい優しさなんて、赤の他人でもできますからね。

当たらず障らずのうわべだけの知り合いがいくらいたって、人生の悦《よろこ》びは深まりません。名刺やSNSの交換をしまくって、顔が広いだけの浅い大人にならないように気をつけてください。若いころから「人脈」なんて気持ち悪い言葉を使わないようにしてください。「人材」と同じくらい「人脈」という言葉が私は嫌いです。

ところが昨今、学校において、友達とトラブルを起こさないための教育が過度になされているという話を聞きました。あだ名禁止、手紙禁止などはわかりやすい例です。もちろんそういうことがトラブルの種になるのはわかりますけれど、だからといって全面禁止はいかがなものかと思います。

これまた不登校の子どもたちが多くいる「いもいも」という塾の先生から聞いた話で

す。ある中学生が、自分の言動が誰かを傷つけないか、誰かに嫌な思いをさせないかが気になっちゃって、誰とも話せなくなってしまったと告白してくれたそうです。

友達同士のトラブルを回避するために、自分の発言が誰かを傷つける可能性はないか、誰かを不快にする可能性はないか、十分に考慮してから発言しましょうというメッセージをくり返し投げかけられた結果、萎縮《いしゅく》してしまったのです。

それではクラスで友達や親友なんてできなくて当然です。みんながただの知り合いのままになってしまいます。

いくら頭で考えたって、相手の気持ちや感じ方なんて本当のところはわかりません。思いがけず誰かに傷つけられたり誰かを傷つけてしまう経験を通してしか学べないことがあります。学校はそういう失敗をしてもいいところであるはずです。学校の中でたくさんの失敗を経験し、同時に許し合うことも学ぶことで、社会に出てから、あんまり失敗しなくてすむし、失敗したとしても許し合うことができるのではないでしょうか。

そんなことは大人ならわかるだろうと思うのですが、教室の中でトラブルが起こるのを未然に防ぎたいという管理教育的思想が強すぎて、子どもたちから成長の機会を奪う本末転倒が起きているようなのです。子どもたちが失敗から学ぶことを理解せず、未熟さゆえのトラブルが起こっただけで大騒ぎする保護者の存在にも問題があります。

もしそのようなクラスにあなたがいるとしたら、ちょっと気の毒です。ただし、その事実に気づけているのなら、あなたは大丈夫です。管理教育的な圧力をうまくいなしながら、一人でも二人でもいいから気の置けない友達を見つけて、そのひととの関係を深めていってください。

## 生徒の試行錯誤か、勝利至上主義か？

ここでついでに、ゆるい青春の舞台にも熱い青春の舞台にもなり得る、部活や学校行事や生徒会活動について考えてみたいと思います。

学校を利用して、学業以外のさまざまな経験ができるのが、部活です。海外では地域のスポーツクラブに所属しなければできないような経験が、学校に居ながらにしてできてしまうのは、日本の部活というしくみの利点といえるでしょう。一方で、学校で行われているがゆえに強制力も働きやすいのが難点です。

部活での一週間の練習時間が、一週間の授業時間数よりも長いなんてことはざらのようです。生徒たちのぼーっとする時間（その大切さは第三章で述べましたが第七章でもっと詳しく述べます）が奪われるだけでなく、教員の長時間労働という社会問題まで引き起こしています。さらには、たくさん練習するほうが偉いという価値観が、社会人になってからの長時間労働文化の温床になっている可能性すらあると私は思っています。

また、部活の目的をどこに置くかによっても、その意味合いはだいぶ変わってきます。経験豊富な指導者が、練習のスケジュールやメニューから、試合での戦略・戦術まで、すべてを決めてしまうスタイルの部活はありますよね。他方、共通の好きなことのために集まった部員たちが、目標から練習の仕方まですべて自分たちで話し合って決める部活もあります。

前者では結果を出しやすい一方で、部員たちには自ら創意工夫する余地があまりありませんから、受け身の姿勢が身についてしまいます。後者の場合、無駄が多く、結果は出にくいかもしれませんが、仲間同士で試行錯誤しながら合意形成をしていくプロセスを経験できます。

大会で華々しい結果を残して世間的な評価を受けることを優先するなら前者が正解ですが、部員たちが主体的に生きるための内的成長を目指すという意味では後者が正解となります。

これから部活を選ぶのであれば、どちらのスタイルの部活がいいかをよく考えてください。もしすでに何らかの部活に所属しているなら、自分の部活がどちらのスタイルに近いかを考えてみてください。勝利至上主義の部活に所属しているなら、少ない余地の中でもできるだけ主体性をもてるように意識しましょう。部員たちの主体性に任された部活に所属しているなら、自由が甘えにならないように自分たちを律するように意識しましょう。

## 文化祭と運動会に見る自由と規律のバランス

運動会と文化祭の運営のされ方には、その学校の自由と規律のバランス感覚が表れることを、長年の取材経験から私は発見しました。大雑把にいえば、運動会は「組織」を表現する場、文化祭は「個」を表現する場です。

規律のとれた組織だった運動会をする学校は、「組織で動くときには組織の利益を優先する」という規律精神が強い学校です。逆に、一見ダラダラしたゆるい運動会をしている学校には、全体主義的なことを極端に嫌う校風が共通しています。自由な校風で知られる学校のなかには、いわゆる運動会をやめてしまい、レクリエーション色の強いスポーツ大会を行っている場合もあります。

文化祭の運営には「個」を尊重する度合いが表れます。クラスや学年は度外視で、やりたいことのある生徒が自発的に手を挙げて出し物を企画する形式で文化祭が営まれる学校は、「組織」よりも「個」を重視する校風の学校です。自発的に表現したいことがない生徒は文化祭にまったく参加しなくてもよいとしている学校もあります。一方で、クラス単位で演劇をやるだとか、学年ごとにテーマが決まっているとか、なんらかの枠組みが予《あらかじ》め決められている文化祭もあります。

運動会では規律のとれた組織力が目立ち、文化祭でもクラス単位や学年単位の割ときっちりとした枠組みが決められているような学校は、規律や組織力を重んじる学校です。逆に、運動会がレクリエーション的で、文化祭も任意参加になっている学校は、自由や個を重んじる学校です。

これを参考に、自由と規律の狭間《はざま》でどのへんのバランスに自分の学校の校風がありそうか、考えてみてください。そしてそういう校風の学校のなかで、自分はどうあるべきかという立ち位置を自覚的に選択してください。これから受験する学校を選ぼうと思っているひとは、学校選びの参考にしてみてください。

ちなみに、どこの学校に取材に行っても、「うちの学校では、文化祭も運動会も、生徒たち主体で行っています」と先生たちは言います。でも、実際にどこまでを生徒たち主導で行っているかにはだいぶ差がありますから、あんまりあてにはなりません。

## 生徒会活動で体感する一般意志

生徒会活動は、まさに民主主義の実験場です。

第四章で校則について触れましたが、いざ校則を見直そうと思っても、新しいルールをつくる際には、生徒のなかにもさまざまな意見があることがわかります。ちょろっと意見を言い合って、会議の最後に多数決をとれば結論は出せるのですが、そういう安易な多数決が生徒みんなの総意であるといえるかどうかには大いに疑問があります。

一八世紀フランスの思想家ジャン＝ジャック・ルソーは、民主主義社会の前提として、「一般意志」という概念を説きました。一般意志とは、自己利益の最大化を目的とするのではなく、「自分はいいけれど、ほかのひとはどうか？　これによってあまりに不利益を被るひとはいないか」ということまでを互いに考慮したうえでの社会の総意のことをいいます。政党政治においてこの考え方に従うならば、「社会を構成する各個人が、自分にとって都合いいだけの政策を掲げる政党に票を投じるのではなく、社会全体にとっていいと思われる政策を掲げる政党に票を投じるべき」となります。

ルソーは一般意志が機能する社会規模の限度を約二万人と推定しました。それ以上の規模になると、「自分はいいけれど、ほかのひとはどうか？」という想像力がおよばなくなるというのです。日本の人口はいま約一億三〇〇〇万人ですから、限度をはるかに超えています。

その点、学校なら、せいぜい数千人規模ですから、一般意志を経験しやすい。三年生にとってはいいけれど、一年生にはどうか？　運動部にとってはいいけど、文化系の部活にはどうか？　生徒にはいいけれど、教員にはどうか？　……などなど、自己利益の追求だけではない、本当の民主主義のあり方を学ぶチャンスが、学校にはあります。

主権者教育というのも、模擬選挙で投票ごっこをするとかではなくて、本来は生徒会活動のようなものを通して一般意志という概念を体感的に理解することに主眼が置かれるべきだと思います。

運動会や文化祭というイベントには、期日までに企画をアウトプットする、ビジネス的な側面がありますね。多数決で強引に決めてしまったり、強力なリーダーシップでエイヤーとやってしまう場面もありかもしれません。それに対して生徒会活動は、自分たちの生活や文化や歴史や将来を守る活動として、より民主的に慎重に、一般意志を意識して行われなければいけないのだと思います。こういう経験を積むことも、学校での大切な学びです。

## 告白は海外では珍しい風習

さて、ゆるい青春、熱い青春から、民主主義社会のあり方にまで話がおよびましたが、何か忘れていませんか？　青春の大事な要素を。そう、ゆるい青春や熱い青春だけじゃなくて、「甘い青春」というのもありますよね。恋人といちゃいちゃしたり、片思いに胸を焦がしたりという、恋愛ドラマ的な青春です。

中高生のうちに甘い青春を謳歌《おうか》できるのは一部のリア充層だけかもしれませんね。それだって、「付き合ってください」「わかりました」みたいな告白によって形式的な恋人関係になっただけという場合が多いでしょう。

あの「付き合ってください」って、日本では当たり前ですけれど、海外では珍しい風習らしいですよ。海外では、「好きです」と伝えて、デートしたり、いちゃいちゃしたりはするけれど、「付き合ってください」から始めるってことは少ないみたいです。なんとなく始まって、既成事実ができて、「私たちの関係って？」とか「親に紹介するね！」ってなるのがよくあるパターンなのだとか。

言葉で関係性に線引きを設けるというのは、いかにも結婚のミニチュア版みたいなイメージですよね。それが日本の〝お付き合い〟なのかもしれません。要するに、「私たち恋人同士です」とお互いの友達や親などに言っていいよねという言質《げんち》ですね。身近な社会にふたりの関係を公表し、認めてもらうという意味合いがあると考えられます。

でもこれが勘違いのもとで、デートDVみたいなことが起きている面もあるのではないかと思います。

デートDVとは、物理的な暴力を振るうだけでなく、恋人の自由を束縛したり尊厳を傷つけたりすることも含む概念です。恋人なんだから、LINEには即レスすべし、スキンシップをとって当たり前、ほかのひととふたりで会ってはいけないなどと強要することもデートDVに当たる可能性があります。

このような強要の前提に「恋人だから」という思い込みがあります。「告白してYESと言ったからには恋人だ。恋人になった以上はお互いを束縛する権利がある」と勘違いするのでしょう。結婚制度における夫婦の貞操義務が拡大解釈されたのではないかと思います。

タレント夫婦の不貞行為を暴き、ことさらにつるし上げるメディアやSNSの風潮も、浮気をしたら社会的に抹殺されてもしょうがないという〝正義感〟を社会に与えているという意味で、間接的にデートDVの温床になっているように私は感じます。

やや脱線しましたが要するに、いわゆる〝お付き合い〟的な恋人関係はしょせんおままごとみたいなものなので、中高生のうちに機会がなかったからといってあんまり引け目は感じなくていいってことです。また不特定多数の異性から〝モテる〟というのも、よく考えてみればあんまり意味ないですよね。せいぜいちょっとしたアイドル気分を味わえるというだけで……。えっ⁉　モテないおじさんの負け惜しみ？

まあとにかく自分がリア充じゃないと思っても、焦らないでください。心配しなくても、多くのひとはそのうち天の采配で、雷に打たれたように恋に落ちますから。その衝撃を全身で受け止めることが大切です。

## 愛される側から愛する側への大革命

誰かを愛するのは、最初は自分の意志じゃないですよ。自分にはどうにもできない、自分よりも大きな存在であって自分を操る魂が、そう仕向けるのです。自分には抗《あらが》いようがありません。だから恋に「落ちる」と表現されるのです。

心は自分に属するものと考えられますが、魂は自分を超越したものです。自分を自分たらしめている、自分よりもずっと大きな存在のことを魂といいます。〝おおたの辞書〟によれば、ですけれど。

心の底から誰かを愛する経験をできるようになるのは、ある程度自分自身ができあがってからじゃないかという気がします。魂が十分に自分を満たしてからと言い換えることもできます。すると何が起こるか。

愛される側から愛する側への立場の転換が起こります。天動説から地動説への視点の転換といってもいいくらいの、精神的大革命です。

自分を包んでいた無限の宇宙がもつすべての美しさ、心地よさ、優しさ、厳しさを、たったひとりの対象の中に見出《みいだ》します。そのたったひとりが、自分にとっては無限の宇宙そのものとなり、親などから受けた無限の愛以上の愛を、そのたったひとりに注ぎたいと思うようになります。あらゆる意味で、宇宙がひっくり返るのです。

そして気づきます。愛することの切なさ、苦しさ、でもそれ以上のすばらしさに。世界中のひとたちが、自分と同じような気持ちで誰かを愛し、愛されていることに。そうやってこの世界は続いてきたのだと。自分もその一部なのだと。無限の宇宙が無限の愛で満たされている。だから、無限の宇宙のどんな小さな一部をすくい上げても、そのなかに無限の価値を見出すことができるのだと――。

たったひとりの誰かを魂から愛する経験が、ひとりの人間の視点をまるで神の視座まで引き上げます。これはある意味、奇跡です。

しかし人間としてはまだまだ未熟ですから、上手な愛し方、包み込み方がわかりません。圧倒的な無力感を味わいます。それを自覚するとき、人間として本当の意味で成長したいと切に思えるようになります。人間として本当の意味で成長するとはどういう意味なのかを本気で考え始めます。

そこまでくれば、精神的自立です。他人との比較や世間からの評価というモノサシに寄りかからなくてよくなります。自由です。

## 教室の中に閉ざされない

このような経験があれば、世界中どこへ行っても、誰かに愛され誰かを愛しているであろう目の前のひとに、卑怯《ひきょう》ができるわけがないのです。道徳だの宗教だのよりも、たったひとりの誰かを心底愛する経験が、世の中に調和をもたらすのだろうと思います。

ここでくり返し強調しておきたいのは、学校は決して社会の縮図なんかじゃないということです。

ほぼ丸一日、狭い教室の中に同世代の未熟な男女が押し込められて逃げ場がないなんてことは、人類が誕生してから初めて、この二〇〇年程度のあいだに始まったことです。実社会には教室とかクラスとかいう概念はありませんから、もし近くに気の合う友達や恋愛対象がいなければ、別のところにふらふらと出かけることができるんです。ある集団の中でヒエラルキーができてしまい、自分の立ち位置に納得がいかなければ、別の集団に移籍することだってできます。メンバーや空間が固定されていませんから、自分の好きなところに好きな仲間といればいいんです。世界は広いんです。

くれぐれも、狭い教室の中だけが世界だと思わないでください。教室の中が息苦しい、生き苦しいと感じたら、中高生だってどんどん外に目を向けてください。それだけで心持ちが変わるはずです。

# 第七章

# 「理想の学校」なんていらない

## 「しぜん」と「じねん」の違いとは？

いきなりですが、漢字テストです。「自然」。この二字熟語、読めますか？「しぜん」だと思いますよね。でもこれを「しぜん」と読むようになったのは明治時代以降なのだとか。それより前は「じねん」と読んでいたそうです。西洋から「ｎａｔｕｒｅ」という概念が輸入されて、それに対する訳語として「自然」と書いて「しぜん」と読む二字熟語があてられたのだそうです。

西洋的な「しぜん」と日本的な「じねん」では意味が違います。

じねんは、私たち人間を含む宇宙全体の森羅万象《しんらばんしょう》を意味します。一方、しぜんは、私たち人間社会以外のものを指します。日本的な世界観では、私たち人間も人間社会も宇宙の一部ですが、西洋的な世界観では、私たち人間は特別な存在であり、それとその他の部分である宇宙を対比的にとらえる傾向があります。

じねんを日本的な世界観と書きましたが、日本に限った世界観ではありません。古代インドやアイヌ、ポリネシア、ネイティブ・アメリカン、中南米のインディオなど、西洋的価値観が入ってくる前の土着的な文化圏にはむしろポピュラーな世界観です。

古代インドで生まれた「梵我《ぼんが》一如《いちにょ》」は、「梵」すなわち宇宙を支配する原理と、「我」すなわち個人を生かす霊魂が、結局のところ同じものであるとする思想です。じねんの概念に非常に近い世界観を表しています。

アイヌには「カムイ」という概念があります。ハワイには「マナ」、ニュージーランドのマオリ族には「カイティアキタンガ」、北米のネイティブ・アメリカンには「ワカンタンカ」という概念があります。どれも万物を司る偉大なる気配のようなもので、西洋的な神とは意味が違います。たとえばワカンタンカは、「偉大なる魂」や「大いなる神秘」などと訳されます。

西洋でも、古代ギリシヤの時代には、じねんに近い概念がありました。「ピュシス」です。これも「自然《しぜん》」と訳されてしまいがちなのですが「じねん」に似た意味です。しかし人間はその中に「ロゴス」という領域を生み出しました。「言語」や「論理」という意味です。人間はロゴスを用いて、本来複雑すぎてとらえどころのないピュシスをいちいち分節化して名前をつけて、整理整頓するようになりました。

その結果、人間はピュシスの圧倒的な力から少し自由になれました。文明社会や都市ができました。ロゴスの中では理屈が通じる。ピュシスのルールではなく、自分たちでつくったルールで生きられる。国家や人権や民主主義という概念も、ロゴスの産物です。ただし、ピュシスには人権も民主主義も知ったことではありません。山で出会って襲ってくる熊に人権を訴えても、地震や津波のような自然災害に民主主義を訴えてもしょうがありません。人権や民主主義は人間同士の安心・安全・自由を守るためには欠かせない重要なものですが、あくまでも人間が便宜上つくった概念にすぎません。

こうして人間はピュシスから自分たちを区別し、ピュシスの原理よりもロゴスの原理に適応して生きるようになりました。……というのは、『生物と無生物のあいだ』（講談社現代新書）や『新版　動的平衡』（小学館新書）などの著書で有名な生物学者の福岡伸一さんからの受け売りであることを断ったうえで続けます。

## ロゴスはピュシスに蓋をする

近代以降、その動きが加速し、しかも世界中を覆い尽くしました。なんでも理屈で説明可能なはずだという考え方を啓蒙《けいもう》主義や近代合理主義といいます。

学校も、ロゴスの産物の最たるものであり、なおかつ子どもをどんどんロゴス化していくところです。ただのピュシス的存在として生まれた子どもを、理屈が通じるロゴス的存在につくりかえます。ロゴス化すればするほど良い生徒とみなされます。要するに学校とは、人間をロゴス化する装置なのです。

万物を分節化して理解しようとするのが教科であることは第一章で説明しました。さらにロゴスの産物である人権や民主主義といった決まり事も教えます。

人権や民主主義を運用するにはさらに細かいルールや基準が必要です。だから誰かが基準をこしらえます。いじめやハラスメントの定義もその類いです。するとその基準が絶対的なものとして権力化します。どんなものにも「いい」「悪い」のジャッジがつくようになります。私たちは常にジャッジされています。教科のテストだけじゃなくて、人権への理解とか環境保護への理解とか多様性への理解とか、そういうものもジャッジの対象です。低い評価を受けた者を叩《たた》くことは正義と見なされます。

第四章で述べたように、バカとルールの無限増殖ループで、ルールが加速度的に増えています。第二章で、時代の変化は科学技術の進歩にともなう稼ぎ方の変化でしかないと述べましたが、ちょっと訂正させてください。人間の本質は変わっていないのに、人間が自分自身を縛るジャッジの評価基準を加速度的に増やしていることが、時代の変化の本質かもしれません。そのことが私たちの生活に与えている影響は、科学技術の変化による影響よりももしかしたら大きいかもしれません。

でもやっぱり、世の中には理屈では説明できないものがあります。いのちの輝きとかはかなさとか、性愛の悦《よろこ》び、お祭りの高揚感、優れた芸術に触れたときの衝撃も。生《せい》とか死とか病も、ロゴスの苦手分野であり、ロゴスはそういうものに蓋をしようとします。日常的に出会うピュシスである排泄物《はいせつぶつ》は、水洗トイレですぐに見えなくしてしまいます。ひとが亡くなれば火葬場で焼いてしまいます。私たちの体のなかでもピュシスが溢《あふ》れ出す部分は最後まで隠します。それがいわゆるプライベートゾーンです。なぜそこを隠すのかと聞かれても、誰も答えられないんです。ロゴスにはコントロールできないから、蓋をしておきたい。それだけです。

ひとがロゴス化されすぎると、ピュシスを遠ざけ、見ないようになります。自分たちもピュシスの一部なのに。ピュシスの中に自ら檻《おり》を設け、その中に閉じこもるようなものです。絶え間なく変化するピュシスの流れから隔離されます。万物との調和を失うのですから、現代社会に息苦しさを感じるのは至極当然です。

要するに、学校に染まりすぎるから、苦しくなるのです。

たとえばコロナ禍は、人間から無視され続けたピュシスから人類へのリベンジだと福岡さんは言います。だから「ピュシスの歌を聴け」と訴えます。ピュシスはわかりやすい言葉としては語りかけてくれませんからあくまでも歌なんです。檻から出ることは難しくても、せめてそのメッセージに耳を澄ませと。

## 傷は問いを生む

ピュシスの歌を聴くとは具体的にどういうことなのか。これまた福岡さん語録からの孫引きになりますが、「センス・オブ・ワンダー」が次のキーワードです。言葉にならない神秘や美への感受性、みたいな意味です。一九六〇年代からいち早く農薬による環境破壊の危険性を訴えていた海洋生物学者のレイチェル・カーソンの遺作タイトルとして有名です。

もしもわたしが、すべての子どもの成長を見守る善良な妖精《ようせい》に話しかける力をもっているとしたら、世界中の子どもに、生涯消えることのない「センス・オブ・ワンダー＝神秘さや不思議さに目を見はる感性」を授けてほしいとたのむでしょう。この感性は、やがて大人になるとやってくる倦怠《けんたい》と幻滅、わたしたちが自然という力の源泉から遠ざかること、つまらない人工的なものに夢中になることなどに対する、かわらぬ解毒剤になるのです。

（レイチェル・カーソン『センス・オブ・ワンダー』上遠恵子訳より）

小さな子どもが、公園に咲く名もない野花を見つけて「わっ！」と目を見開く瞬間、海岸で貝を拾い上げようとしたらささささっとそれが動いてヤドカリだったことに気づいた瞬間、満天の星に一筋の流れ星が横切るのを目撃した瞬間、優れた芸術を目の当たりにして釘《くぎ》付けになってしまった瞬間、目の前のたったひとりに世界を凌駕《りょうが》する輝きを見てしまったその瞬間……。すべてがセンス・オブ・ワンダーです。

ピュシスの歌が聴こえる瞬間です。この感覚を忘れてはならないのです。

神秘的で美しい一瞬の感動は、しかし移りゆくはかないものであるがゆえ多くの場合、いずれ痛みをもたらします。みずみずしい感受性があればこそ、痛みも感じやすくなります。痛みを感じないことは強さではありません。自らの弱さ、痛々しさ、未熟さ、寂しさ……そうしてもたらされた「傷」に寄り添うことこそ強さです。

傷に寄り添っていると、「あのときどうすればよかったんだろう」とか「なんでああなってしまったんだろう」とか「これからどうすればいいんだろう」とか、いろんな「問い」が浮かんできます。そうして、傷は問いになります。

ただしセンス・オブ・ワンダーによってもたらされた傷から生じた問いは、簡単には答えの出せないものばかりです。大きな問いです。

問いを問いのまま抱え続ける強さがなければ、問いはなかったことにされてしまいます。そんなこと考えてもしょうがないって。そう。たしかに考えてもしょうがないんです。ロゴスには太刀打ちできないのがピュシスですから。

だから、考える代わりに、ぼーっとするんです。

慌ただしい毎日のなかであえて立ち止まって、ピュシスとの接触であるセンス・オブ・ワンダーがもたらした傷をときどきなでながら、ぼーっとすればいいんです。傷からのメッセージを、考えて解釈するのではなく、ただ感じるということです。

## 後悔する技術

一九九〇年代の半ば、神経科学者のマーカス・レイクルは、ひとが何らかの仕事や目的に集中しているときに脳のある部分が働いていないことに気づき、そこに「デフォルト・モード・ネットワーク（DMN）」という名称をつけました。そしてその後の研究で、意識を集中しない休息の状態でこそDMNが活性化していることを突き止めました。要するにロゴスの働きが弱まっているときに、DMNが活性化するのです。

DMNは、ぼーっと内省しているときに働きます。DMNが活動しているときに、ひとはほとんど無意識で過去と未来を広く視野に入れ、解決する必要がある問題の解決を試みます。何らかの問題に直面しても、頭に健全な空白があると、DMNがほんの数分の休憩時間のあいだに問題を分析・比較・解決して、代替のシナリオをつくれる場合があるそうです。効率よくDMNのオン・オフが切り替わるほど、ひとは日常のできごとをうまく処理できるのだそうです。

いま現在の私がまさにそうですが、書籍原稿の執筆中は、そのことばかり考えてしまいます。でも、その日の原稿を書き終えたら、一〜二時間ゆっくりと歩くことを習慣にしています。いつも同じ真《ま》っ直《す》ぐな道をただぼーっと歩くんです。その生活サイクルがうまく回っているときは翌日、次に書くべきことが自然に湧いてきて、朝から筆がはかどりますし、仕事以外のことにも心地よく調和的に取り組めるようになります。

実は私自身、結構失敗を引きずるタイプなんです。気持ちの切り替えが苦手です。自分の失敗だけじゃなくて、嫌なことがあったときなんかも、さっさと気持ちを切り替えたほうがいいとは思うものの、気持ちはひっかかったままになります。

でもわりと最近こう思うようになったんです。気持ちの切り替えが苦手なのは、自分の強みなのかもしれないと。

失敗から学ぶことの重要性は、本書でもくり返し強調してきました。でもせっかく失敗しても、それをすぐに忘れちゃったら、そこから学べることも減っちゃうじゃないですか。

たった一回の些細《ささい》な失敗でも、頭の中で何度もそのシーンをリプレイして、「なぜ自分はあそこでこんなことをしちゃったんだ！」とか「なぜあのときこんなことを言っちゃったんだ！」などと何度も後悔して、ある意味、傷に塩をなんどもなんども塗り込みます。すると、次に似たような状況になったときに同じパターンを回避できるようになることもあるんだと思います。DMNの導きによって。

「次はこうすればいいんだ！」みたいな明確な答えが意識化されることは少ないんですけど、問いを問いのまま抱えておくことで、無意識の働きがそのひとの新しい自然な振る舞いをつくっていくんじゃないかという気がします。

ちょっと前までは、いつまでも過去にとらわれている自分は、自分の中のダメな部分だと思っていました。そんな自分が嫌いでした。でも、過去の苦々しい経験をいつまでも抱えていることができて、それが新しい自分をつくっているかもしれないって、実はすごいことなんじゃないかと思うようになりました。

## ぼーっとする勇気

生物にはもともと、自動的にピュシスと調和を保つ本能のようなものが備わっているのでしょう。ピュシスの一部なんだから当然です。でも人間の場合、ロゴスをもちました。ロゴスの働きが過剰になると、ピュシスとの調和が乱れます。それを食い止め、バランスを保つために、DMNが発達したのかもしれません。

なのに現代では、ぼーっとする時間が奪われたためにDMNが十分な機能を発揮できず、ロゴスの暴走をさらに大きなロゴスの力によって抑え込もうとする壮大な悪循環が起きているようにすら見えます。

そのなかで学校は、悪循環の加速装置の役割を果たしている。

さらに、ロゴスの産物であるインターネットやメタバースを通じて、人間社会はますますぼーっとする時間を奪われています。まるで人間の脳の中に生まれたロゴスが、本来ピュシスの一部であった人間を乗っ取って支配しようとしているようです。

その支配から逃れるために必要なのは、いちどロゴスを手放して、ぼーっとする勇気をもつことかもしれません。

ちなみに坐禅《ざぜん》や瞑想《めいそう》には、DMNの一部が過剰に働く「心の迷い」を抑制する効果があるようだと指摘されています。坐禅や瞑想は、ただぼーっとするよりもクリアに効率よくDMNを活性化するために人類が編み出した術《すべ》だったのかもしれませんね。

DMNについてはまだわかっていないことも多く、諸説あるようですし、DMNがピュシスとの調和をもたらすかもしれないなんて、完全に私の妄想でしかありませんが、ロゴス的なものをいちど脇に置いてみることの重要性は、生物学者の福岡さんだけでなく、これまで対談をさせてもらった著名な教育学者さんも社会学者さんもみんな口をそろえることなのです。

## 学校は問いを授かるところ

さきほど、学校は人間をロゴス化する装置だと述べました。万物を分節化して名前をつけたものを覚えていく教科学習はまさにロゴス的な営みです。国家や人権や民主主義みたいな社会のしくみを学び、内面化していくこともまさしくロゴス化です。

ロゴス化されること、すなわち社会化されていくことは、人間社会の一員として生きていくためには絶対的に必要ですが、センス・オブ・ワンダーも忘れてはいけません。ピュシスの歌に耳を閉ざしてはいけません。学校に染まりきってはいけません。

ですから、本書と出会ったラッキーなみなさんは、こんなふうに考えてみてください。教科学習は、多様な視点を得ることだと第一章で述べました。数学、理科、社会科、美術、家庭科……。学校はそれぞれの視点でセンス・オブ・ワンダーを見つけるところなのだと、とらえてください。先生たちにもそういう授業をしてほしいと思います。

あるいは部活や行事や生徒会活動などを通して、人間関係を含めたいろんな失敗を経験して、たくさんの傷をつくるところなのだと。そのたくさんの傷がいずれ問いに変わり、たくさんの問いの集合体が、きっとそのひとの生きるテーマになっていくんです。

傷は宝です。「傷」は「創《きず》」とも書くじゃないですか。

つまり学校ではたくさん失敗していいんです。たくさん失敗したほうがいいんです。それだけたくさんの宝物が見つけられます。だから先生たちも親たちも世間も、学校の中での失敗にあんまり目くじら立てないでほしいと思います。子どもたちが失敗という傷からどんな問いを抽出して生きるテーマに変えていくのかを、大人たちはわくわく（実際には「はらはら」ですけど）しながら温かく見守るべきです。

現状の学校について率直に「おかしい！」って感じることも、一種の傷であり、問いの発見です。現在の学校の問題点は本書でもたくさん指摘させてもらいましたけど、そういう意味で、学校はそれ自体が課題発見・解決能力を磨く恰好《かっこう》の教材でもあります。すぐには答えが出ない問いばかりかもしれませんが、だからといって手放さず、問いを問いとして抱え続けてください。それってたいへんつらいことではあるんですけど、そういうひとたちがたくさんいれば、それぞれのDMNが活動して、共鳴して、少しずつ学校が変わるかもしれません。学校が変われば、バカとルールの無限増殖ループが終わって、社会も変わるかもしれません。そのためには、私たち一人一人が、問いを問いとして抱え続ける強さをもたなければいけません。

学校に染まらずに、みんながそれぞれの色をもったまま社会に出て、それぞれの持ち場をそれぞれの色で染めれば、モザイク模様の社会ができるはずです。ピュシスとロゴスの境目もちょっぴり曖昧になるはずです。そうすれば、もっとよく、ピュシスの歌が聴こえるようになるはずです。

学校は、答えではなく、問いを授かるところなのです。

## 「足し算」よりも「引き算」

あ、そうそう。「はじめに」で、昔は理想の学校をつくりたいなんて妄想をしたこともあったけどいまはやめたという話を、私、書きましたよね。その理由をここでちょっとだけ説明しましょう。

ひと言でいえば、学校に、理想や完璧を求めること自体が間違っているのではないかと気づいたんです。

不登校について取材をしたときに、そもそも子どもにとって大切なことをぜんぶ学校で教えようとする発想自体が危険なのだと気づきました。学校が子どもの学びを丸抱えする社会だから、学校に行けなくなった途端にあらゆる学びから遮断されて、困ってしまうのです。

学校ができる以前は、子どもたちは日常生活の中で、地域社会の中で、大人たちの仕事場で、はたまた裏山の秘密基地で、多くを学んで大人になっていきました。近代になってできたばかりの学校は、日常生活や地域社会の中では教えられないことを学ぶだけのところでした。しかし学校での教育が非常に効率的だったため、子どもにとって大切なことはなんでも学校で教えるようになり、学校の機能がどんどん肥大化していきました。逆に日常生活や地域社会の教育力が落ちました。

学校依存社会です。

マナーや道徳やコミュニケーションのとり方から、キャリア教育、金融教育、環境教育、主権者教育、性教育など、あらゆることを学校に押しつける社会です。その末路が、教員の長時間労働であり、その結果としての教員不足であり、子どもにとっては学校での長すぎる拘束時間と、その結果としての放課後の消滅であり、ぼーっとする時間の消滅です。

この状況を変えるには、学校から機能を「引き算」しなければいけないのではないかと思うようになりました。学校が抱え込んだ機能を、日常生活や地域社会の中にもういちど戻すのです。そうしたら、学校の中が減圧するだけでなく、むしろ日常生活や地域社会が活気づくという効果まで得られるかもしれません。

そのためには、学校が担っている機能を社会全体で少しずつ手分けして引き受けなければいけません。社会の中に、子どもの居場所をたくさん用意するということです。

さて、自分には何ができるだろうか？

ぼーっと歩いているときにひらめきました。そうだ、駄菓子屋さんをやろう！　いつかは学校の先生になりたいと思っていましたが、自分には駄菓子屋のおじさんのほうが向いていそうだ！

駄菓子屋さんのお店の中で、字を読む練習もできますし、計算の練習もできます。私のようなおじさんと対等に会話する機会にもなりますし、別の学校の友達との出会いの場にもなるかもしれません。本でも漫画でも雑誌でも新聞でもいろいろ置いておいて、自由に読んでもらえるようにしようと思います。段ボールだの空き缶だのの廃材もいろいろ置いておいて、工作もできるようにしておこうと思います。

お店の中にもんじゃ焼きができる鉄板みたいなものも用意してあって、子どものおこづかいでも食べられるようにしておきます。お金がなければ、お店の前の掃除のお駄賃《だちん》として、食べていいことにしちゃいましょう。犬でも飼って、お散歩してくれたらスペシャルもんじゃ焼きサービスというのもいいですね。

なんなら、午前中から店を開けようかなと思っています。学校に行きたくない子どもが来られるように。「学校には行ってないようだけど、おおたさんのところにいるなら、まあ、大丈夫か」と思ってもらえるような駄菓子屋さんになるのが私の目標です。

こんなふうに、教育にちょっと熱心な大人たちが町中のいろんなところにいる社会って、〝理想の学校〟がでーんとある社会よりも豊かだと思うんです。

## 学校は、ダメでいい、ダメがいい

教員など学校関係者が理想の教育を追い求めるのは当然です。一方で、ただでさえ学校の負担が大きくなっている社会において、理想とか完璧を求められたらますます学校が衰弱しちゃいます。

いまの学校にはダメなところもいろいろありますけど、それはそれでいいじゃないですか。だってどうせ、人間はみんなダメダメだし、だからこそ愛《いと》おしいんだから。

仮に〝理想の学校〟なんてものができちゃったら、そこに入った子どもたちはみんな〝理想の人間〟に育たなくちゃいけなくなっちゃって、なんか居心地悪いじゃないですか。「理想の学校のパラドクス」です。

僕らはみんな、ダメでいい、ダメがいい。

学校だって、ダメでいい、ダメがいい。

現状の学校に対して、理不尽に思ったり、ままならなさを感じたり、イヤなところがあったら、生徒の立場からもそれを変えるように働きかけられれば素晴らしいことですが、みんながみんなそういうことができるわけではありません。

学校のネガティブな部分に自分自身が染まらなければいいのであって、あくまでも一時的に表面的に〝いい子〟になりすまして、ある意味でやりすごす技術もある程度もっていたほうが、人生は楽になるかもしれません。世の中の理不尽にいちいち立ち向かえるほど、私も含めて、多くの人間は強くはありませんから。

それでもどうしてもイヤだったら、学校なんていかなくてもいい――。

誰もがそう思える社会をつくることが私たち大人の責任だと、いま私は思っています。

## おわりに

本書はこれまでの私の著書約八〇冊のエッセンスを極限まで煮詰めた一冊といえます。

第一章では、学校の勉強の意味を論じました。教科書を人類の叡智《えいち》のフリーズドライに、先生をそれにお湯をかけるひとに、それぞれ例えました。

第二章では、「これからの時代」をどうとらえたらいいか、を提案してみました。要するに、なんとかなるから焦りなさんな、という話でした。

第三章では、競争社会がいかにデタラメであるかを暴きました。どうせデタラメなので、落ち込んだり有頂天になったりしないように、気をつけてください。

第四章では、民主主義社会の市民の視点から学校を見てみました。ちょっと難しかったと思いますけど、民主主義は多数決じゃないということだけは覚えておいてください。

第五章では、学校選びという状況を想定しつつ、学校の価値について語りました。偏差値を脇に置いて学校の魅力を語れるひとが増えてほしいと思います。
第六章では、人生においては無駄こそ味わいだという話をしました。学校というシステムに染まってしまうと、つい忘れてしまう価値観です。
第七章では、学校というものを生み出した、人間の業《ごう》の深さについて述べました。人間は愚《おろ》かだからこそ、愛《いと》おしい。学校も同じです。ダメでいい、ダメがいい。

ぜんぶに賛同してはもらえないでしょうけれど、この本を読むまえとあとで、学校、社会、そして人生に対するとらえかたがちょっとでも変わったのなら、うれしいです。

二〇二四年一月　おおたとしまさ

chikuma primer shinsho

ちくまプリマー新書444

学校《がっこう》に染《そ》まるな！——バカとルールの無限増殖《むげんぞうしょく》

二〇二四年一月十日　初版第一刷発行

著者　おおたとしまさ
装幀　クラフト・エヴィング商會
発行者　喜入冬子
発行所　株式会社筑摩書房
東京都台東区蔵前二-五-三　〒一一一-八七五五
電話番号　〇三-五六八七-二六〇一（代表）
印刷・製本　中央精版印刷株式会社

ISBN978-4-480-68469-1 C0237 Printed in Japan